Gewaltfreie Kommunikation und Konflicktcoaching

Gewaltfreie Kommunikation und Konfliktcoaching

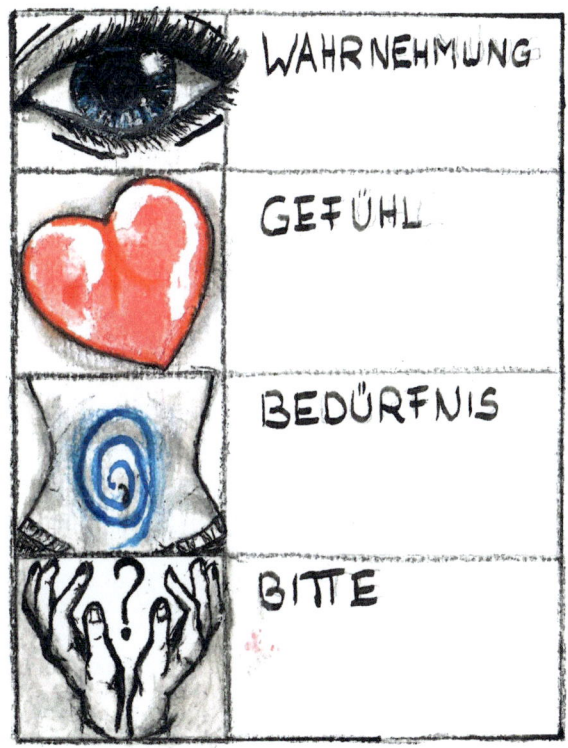

Ein Praxisbuch für Menschen, die sich privat und beruflich für eine wertschätzende und lebensfördernde Kommunikation engagieren

Bilder: Eva Bornträger

Bibliografische Information der Deutschen Nationalbibliothek:
Die Deutsche Nationalbibliothek verzeichnet diese Publikation
in der Deutschen Nationalbibliografie; detaillierte bibliografische
Daten sind im Internet über http://dnb.dnb.de abrufbar.

© 2020 – Christoph Emrich
Bilder: Eva Bornträger
Illustration Coverrückseite: Michaela Stolz
Satz, Umschlaggestaltung, Herstellung und Verlag:
BoD – Books on Demand, Norderstedt

ISBN: 978-3-7519-4202-7

Christoph Emrich arbeitet als Dozent im Bildungsbereich der Bundesagentur für Arbeit, seine Schwerpunkte sind Themen der Pädagogischen Psychologie, Führungskräfteentwicklung und Konfliktlösungen. Ferner ist er als freier Supervisor (DGSv) und Coach in den Bereichen Führungskräftecoaching, Teamentwicklung, Konfliktcoaching und Moderation tätig. Er studierte in Kaiserslautern, Mannheim und Frankfurt am Main und absolvierte langjährige berufliche Weiterbildungen am Helm Stierlin Institut in Heidelberg und an der Katholischen Hochschule in Mainz.

Inhalt

Vorwort

Wer lernt, will das neu erworbene Wissen bzw. die Fähigkeiten nicht nur in Seminaren und Trainingssituationen erleben, sondern vor allem im Alltag zur Verfügung haben. In rund 25 Jahren als Berater, Trainer, Supervisor, Coach und Prozessbegleiter mit Jugendlichen und Erwachsenen habe ich vielfältige Erfahrungen in unterschiedlichen Kontexten gesammelt. Spätestens seit meiner Zeit als Dozent und Seniortrainer weiß ich: die Teilnehmenden wollen nicht nur abstraktes Wissen vermittelt bekommen oder eine Liste mit wertvollen Buchempfehlungen, sie wollen die Verknüpfung und Vernetzung der Themen und eine »Übersetzung« der Theorien in die Praxis. So können Sie beim Lesen entscheiden, ob Sie wahlweise die angesprochenen Themen vertiefen möchten, ob es Ihnen ausreicht, ein paar methodische Ideen für einen handlungsorientierten Unterricht zu erhalten, ob Sie aktuelle Konfliktlösungstools nutzen oder gar einzelne Übungen an andere weitergeben wollen. Den Wunsch meiner Teilnehmenden nach einer Verknüpfung der Themen »Gewaltfreie Kommunikation und Konfliktcoaching« habe ich aufgegriffen und ein Buch für die Praxis geschrieben. Das Ganze soll beim Lesen erlebbar werden. Die Basis dieses Buches bilden meine Dokumentationen vieler Veranstaltungen, die ich aktiv durchgeführt oder unmittelbar als Teilnehmer erlebt habe. So ist es ein sehr persönliches Buch geworden. Ich möchte mich damit als Kollege an andere interessierte Kollegen richten. Ich möchte dieses Buch verstanden wissen als eine Schatzkiste für Praktiker und als Unterstützung zur Förderung der Selbstreflexionsfähigkeit.

Es werden jeweils so viel Theorie, Methoden und Übungen angeboten, wie in der Praxis anwendbar ist. Für eine vertiefende theoretische Lektüre habe ich ein ausführliches Literaturverzeichnis angefügt.

In diesem Buch wird aus Gründen der besseren Lesbarkeit das generische Maskulinum verwendet. Weibliche und anderweitige Geschlechteridentitäten sind dabei ausdrücklich mitgemeint, soweit es für die Aussage erforderlich ist.

Einführung in die Gewaltfreie Kommunikation

Gewaltfreie Kommunikation

Der häufigste Grund, warum Gespräche misslingen, ist, dass wir zu wissen glauben – was unser Gegenüber uns sagen will – und wir ihm eine bestimmte Absicht unterstellen, welche seiner Bedürfnisse er befriedigend oder sicherstellen will. Damit Kommunikation gelingen kann, gilt es zwei Aspekte zu beachten: Ich sollte mir bewusstmachen, dass ich solche Annahmen bzw. Unterstellungen vornehme, und ich sollte mir klarmachen, was **meine eigenen Motive** sind. Die Gewaltfreie Kommunikation (GFK) kann uns darin unterstützen.

Das Adjektiv »gewaltfrei« leitet sich von dem indischen Begriff **Ahimsa** ab, was sich in unsere Sprache am ehesten mit »Nicht-Gewalt« übersetzen lässt. Dieser Begriff wurde durch den indischen Freiheits- und Friedensstifter Mahatma Gandhi populär. Allerdings sagt »gewaltfrei« nur aus, was die Methode NICHT ist, und nicht, WAS sie ist. Deswegen sprechen wir in Bezug auf GFK auch von »wertschätzender Kommunikation« oder »lebensfördernder Kommunikation«, denn es geht darum, die Lebendigkeit unserer Beziehungen zu stärken und damit unsere Lebensqualität zu verbessern (vgl. Rauter 2018).

Marshall B. Rosenberg – Die Herkunft der GFK

Die GFK in ihrer heutigen Ausrichtung wurde von dem US-amerikanischen Psychologen und Konfliktmediator Marshall B. Rosenberg entwickelt. Marshall B. Rosenberg wurde 1934 in Canton/Ohio, geboren, er wuchs in Detroit auf, wo er als Kind Zeuge von Rassenunruhen wurde. Diese und andere frühe Erfahrungen mit Gewalt beschrieb er später als Anlässe, sich fortan intensiver mit der Thematik von Sprechen und Hören zu beschäftigen. Rosenberg hat bei Carl Rogers studiert und steht daher der Humanisti-

schen Psychologie nahe. Er hat die Ansätze von Rogers und anderen Psychologen wei-
terentwickelt und zu einem griffigen Konzept geformt. Was geschieht genau, wenn wir
die Verbindung zu unserer einfühlsamen Natur verlieren und uns schließlich gewalt-
tätig und ausbeuterisch verhalten? Und umgekehrt, was macht es manchen Menschen
möglich, selbst unter den schwierigsten Bedingungen mit ihrem einfühlsamen Wesen
in Kontakt zu bleiben?« 1961 promovierte Rosenberg als klinischer Psychologie an der
University of Wisconsin-Madison und war als Mediator und Kommunikationstrainer
in Schulen und anderen Einrichtungen tätig. Er entwickelte – inspiriert u. a. durch die
Ideen von Carl Rogers und Mahatma Gandhi – die Gewaltfreie Kommunikation und
vermittelte sie seit Beginn der 1970er Jahre in verschieden Ländern an Eltern, Pädago-
gen, Polizisten, Manager, Anwälte, Gefangene, politische Führer etc. 1984 gründete er
das Center for Nonviolent Communication (CNVC). 2015 verstarb er in Albuquerque,
New Mexico (vgl. Rosenberg 2012).

Während es Rogers vor allem um Patientengespräche in der Psychotherapie ging, hat
Rosenberg diese Ansätze alltagstauglich gemacht. Rosenberg hat in seiner Jugend
schwere Rassenunruhen und blutige Gewalt erlebt. Als Psychologe bewegte ihn besonders die Frage, was helfen könnte, dass wir auch unter schwierigsten Umständen
mitfühlend bleiben (vgl. Rosenberg 2006). Dabei fiel ihm als Schüler von Carl Rogers
auf, welche entscheidenden Rollen das Sprechen und Zuhören dabei spielen (vgl. Rogers 2002). Wenn alle Beteiligten davon ausgehen, dass jeder Mensch nachvollziehbare
Gründe für sein Verhalten hat, dann ist Mitgefühl möglich. Dann kann ich mich mit
meinem Gegenüber verständigen, auch wenn wir unterschiedliche Meinungen haben.

*Diese Annahmen und Ideen bieten die Basis für das Modell der Gewaltfreien Kommunikation
(vgl. Rogers 2012).*

Die Natur des Menschen: selbstbestimmt, empathisch und lebendig

In der GFK gehen wir davon aus, dass alles menschliche Handeln **intrinsisch** (innerlich) motiviert ist. Das bedeutet, wir verhalten uns auf eine bestimmte Art und Weise, weil das unseren inneren Bedürfnissen entspricht. Manchmal mag es so aussehen, als komme die Motivation für unser Handeln von außen — wenn wir z. B. bedroht werden. Doch auch hier verhalten wir uns auf eine bestimmte Weise, um das Beste für uns zu erwirken. Zum Beispiel, nicht verletzt zu werden.

Eine weitere Annahme der GFK ist, dass der Mensch seiner Natur nach **empathisch** und **mitfühlend** ist. Unser Verhalten ist zwar auf unsere **Bedürfnisse** bezogen, gleichzeitig sind wir aber in der Lage, auch die Bedürfnisse der anderen zu erkennen und zu verstehen.

Das führt zu einer weiteren Annahme der GFK: Es ist dem Menschen ein Bedürfnis, zum Leben beizutragen. Wir möchten das Leben durch unser Dasein reicher machen. Und dazu gehört, dass es uns Freude bereitet, für andere da zu sein. Das erklärt auch, warum manche Menschen sich selbstlos für andere einsetzen und dabei sogar ihr Leben riskieren.

Die **Freiheit der Perspektive**: Wie wir eine Situation bewerten, liegt in unseren eigenen Händen. Rosenberg fasst die Grundideen der Gewaltfreien Kommunikation in zwei Fragen zusammen: »Was ist lebendig in mir?« und »Wie kann ich dazu beitragen, dass mein Leben schöner und reichhaltiger wird?« (vgl. Rosenberg 2012).

Merkmale der Gewaltfreien Kommunikation

Mitgefühl als Basis für Kommunikation

Die Fähigkeit zu **Empathie** und **Mitgefühl** ist uns nach Rogers angeboren und deshalb ein wichtiger Bestandteil unserer Persönlichkeit (vgl. Rogers 2002). Man kann das mit der Sprachfähigkeit vergleichen. Jeder von uns lernt in einem gewissen Alter zu sprechen. Aber das muss gefördert werden und je nach dem, was wir hören, lernen wir unterschiedliche Sprachen. Genauso ist es uns angeboren, Mitgefühl zu empfinden. Wie stark diese Fähigkeit ausgeprägt ist, hängt jedoch von der jeweiligen **Erziehung** und den **äußeren Einflüssen** ab (vgl. Rogers, 1986).

Die Fähigkeit zu **Mitgefühl mit uns selbst und anderen** ist eine der zentralen Qualitäten für einen **friedvollen Umgang mit Konflikten**. *Wenn ich z. B. auf der Arbeit dringend etwas ausdrucken möchte und feststelle, dass keine Tinte mehr da ist, bin ich vielleicht sauer, weil mich das an meiner Weiterarbeit behindert, aber ich muss deshalb nicht auf meinen Kollegen sauer sein, weil er keine neue Patrone bestellt hat.*

Aus Sicht der Gewaltfreien Kommunikation gehe ich davon aus, dass er gute Gründe dafür hatte, sich so zu verhalten. Vielleicht hatte er gerade tagelang Stress mit einem Kunden oder er ist frisch verliebt. Genauso habe ich als guten Grund dafür, dass ich jetzt frustriert bin, dass ich mit meiner Arbeit vorwärtskommen will. Beides kann gleichberechtigt nebeneinander stehen.

Wenn alle Beteiligten davon ausgehen, dass jeder im Allgemeinen **menschlich nachvollziehbare Gründe** für sein Verhalten hat – in der GFK nennen wir das Bedürfnisse –, dann ist Mitgefühl möglich. Dann kann ich mich mit meinem Gegenüber verständigen, auch wenn wir unterschiedliche Meinungen haben (vgl. Rosenberg 2012).

Diese Annahmen und Ideen bilden die Basis für das Modell der Gewaltfreien Kommunikation. Im weiteren Verlauf dieses Buches werden Sie erfahren, wie diese verläuft und wie eine mitfühlende und aufrichtige Art der Kommunikation unser Leben bereichern kann und wie gleichzeitig Konflikte erfolgreich gelöst werden können.

Konfliktcoaching auf der Grundlage der Gewaltfreien Kommunikation

Konflikte im Privaten und in der Arbeitswelt sind unvermeidlich und meistens unangenehm. Man geht ihnen gerne aus dem Weg. Das löst sie aber selten, meistens werden sie dadurch eher schlimmer und *verunmöglichen* eine angemessene Lösung (vgl. Rosenberg 2004, Glasl 2013). Mir ist als langjährigem Supervisor und Coach aufgefallen, dass bei technischen Problemen, Heerscharen von Experten und Fachleuten bemüht werden, um eine Optimierung zu bewirken, dass dies bei Konflikten aber nur sehr selten oder sehr spät der Fall ist. Dadurch werden unzählige verheißungsvolle Projekte, Teams, Produkte und Partnerschaften dem Fraß der Konflikteskalation überlassen. Was weitgehend unbekannt ist: Konflikte wirken nach erfolgreicher Auflösung in gleichem Maß positiv auf Effizienz und Beziehungsklima, wie sie vorher negativ gewirkt haben. Konflikte klären ist mehr als Flickschusterei. Wobei die kraftvollen Möglichkeiten der professionellen und wertschätzenden Form der internen und externen Konfliktlösung nur wenig bekannt sind. Das will ich mit diesem hoffentlich allgemein verständlichen Buch ändern. Beginnen möchte ich mit der *Unterscheidung von Mediation und Konfliktcoaching auf Basis der Gewaltfreien Kommunikation.*

Mediation (vgl. Duss von Werdt 2011):

- Mediation bedeutet Vermittlung und zielt auf einen konstruktiven, gemeinschaftlichen Umgang miteinander.
- Mediation ist ein Weg, Meinungsverschiedenheiten, Streitigkeiten oder Konflikte zu beseitigen bzw. zu lösen.

- Das Ziel der Mediation ist es, Win-Win-Lösungen anzustreben, also Lösungen, bei denen für beide Konfliktparteien mehr herauskommt als bei einem Kompromiss, wenn man diesen als eine Übereinkunft betrachtet, bei der die Beteiligten jeweils auf etwas verzichten.
- Anstelle der Entscheidung eines Dritten erarbeiten die Konfliktparteien (Medianten) die Lösung selbst und gemeinsam unter der Führung eines neutralen Dritten.
- Dieser neutrale Dritte ist eine Mediatorin oder ein Mediator.

Wie läuft ein Mediationsverfahren ab?

Es gibt für den Ablauf eines Mediationsverfahrens unterschiedliche Konzepte. Am häufigsten werden Sie in der Mediation auf ein Modell mit fünf Phasen stoßen.

Phase I:	Arbeitsbündnis, Vereinbarungen zum Verfahren
Phase II:	Bestandsaufnahme, Ermittlung der regelungsbedürftigen Themen
Phase III:	Bearbeiten der Konfliktfelder, Suche nach den Interessen hinter den Positionen
Phase IV:	Aufspannen des Lösungsraums, Lösungsalternativen erarbeiten und bewerten
Phase V:	Gestaltungsphase, Beschreibung der Lösung, Abschluss des Mediationsverfahrens (vgl. Duss von Werdt 2011)

Es ist zudem zu beachten, dass bei diesem in Phasen gegliederten Prozess alle Parteien am Tisch sitzen sollen.

Konfliktcoaching nach Rosenberg

Die Theorie der GFK geht davon aus, dass Konflikte überall dort entstehen, wo Menschen sich in ihren Bedürfnissen eingeschränkt fühlen. Somit ist ein Konflikt immer ein tragischer Ausdruck eines oder mehrerer unerfüllter Bedürfnisse (wie mangelnder Respekt, Autonomie, Unterstützung, Vertrauen etc.). Konflikte mit der Haltung der GFK zu coachen, erfordert die Kompetenz, hinter den Vorwürfen, Urteilen und Argumenten, die ein Streitgespräch charakterisieren, die unerfüllten Bedürfnisse zu hören und diese in das Bewusstsein der Konfliktparteien zu rücken. Statt zu fragen: »Wer ist schuld und wer hat Recht?«, hat Marshall B. Rosenberg mit der GFK eine Sprache, eine Haltung entwickelt, die im Konfliktcoaching die Fähigkeit der authentischen Selbstvertretung stärken kann und Konflikte auf eine Weise begleitet, durch die die Bedürfnisse aller Beteiligten erfüllt werden können (vgl. Rosenberg 2012).

Kommunikation im Sinne der Gewaltfreien Kommunikation

1. Beobachten (statt interpretieren): Statt das Gespräch mit einer Interpretation zu beginnen (»Du bist echt unmöglich. Du bist immer so gierig. Kaum gibt es was zu essen, vergisst du alle um dich herum!«), steigen Sie in dieses ein, indem Sie so objektiv wie möglich benennen, worauf Sie sich gerade beziehen. Eine Beobachtung wäre: »Du hast das letzte Stück Kuchen gegessen und ich hatte noch keins.« Damit weiß mein Gegenüber, auf was sich meine Mitteilung bezieht, und meine Chancen steigen, dass er mir weiter zuhört.

2. Gefühle identifizieren (statt Gedanken): Was fühlen Sie dabei? Sind Sie traurig oder enttäuscht? Vielleicht frustriert? Wenn Sie sich ärgern, können Sie sich einen Moment Zeit nehmen, um die Gedanken zu erkennen, die den Ärger nähren. Vielleicht können Sie auch nachspüren, wie es Ihnen jetzt ginge, wenn Sie die Situation nicht auf diese

Weise interpretieren würden. Wenn es einfach so ist, dass jetzt kein Stück Kuchen mehr da ist: Was fühlen Sie dann? Sind Sie verblüfft, hungrig, enttäuscht?

Manchmal ist es gar nicht so leicht, unseren Gefühlen auf die Spur zu kommen und sie in Worte zu fassen, denn wir haben wenig Übung darin. Aber um einander wirklich zu verstehen, ist es sehr hilfreich, diese Gefühle in Worte zu fassen. Die deutlichere Wahrnehmung und das Benennen unserer Gefühle helfen uns auch, die dahinterliegenden Bedürfnisse zu erkennen.

3. Bedürfnisse benennen (anstatt Strategien zu formulieren): Worauf weisen Ihre Gefühle hin? Vielleicht geht es Ihnen gar nicht um etwas zu essen, sondern darum, dass Sie sich Rücksichtnahme wünschen oder dass Sie gerne beachtet würden. Oder Sie haben tatsächlich Hunger und müssen sich nun mit einem knurrenden Magen abfinden. Wenn wir uns darüber austauschen, welche unserer Bedürfnisse gerade angesprochen werden, entsteht Verständnis, denn jeder kennt den Wunsch nach Rücksichtnahme, Beachtung, oder wie es sich anfühlt, hungrig zu sein. Aber nur, wenn klar ist, worum es Ihnen geht, wissen Sie und die Beteiligten, ob Ihnen gerade ein paar mitfühlende Worte oder ein Marmeladenbrot gut tun.

4. Bitten (statt fordern): Es macht allen Beteiligten viel mehr Freude, wenn eine Bitte erfüllt wird, als eine Erwartung oder gar Forderung. Wenn ich bitte, lasse ich dem Anderen auf ehrliche Weise die Möglichkeit, sich dafür oder dagegen zu entscheiden. Eine Bitte könnte lauten: »Kannst du mir bitte sagen, was in dir vorgegangen ist, als du dir das Stück Kuchen genommen hast?« Oder einfach: »Wärst du bereit, zu versuchen, daran zu denken, das nächste Mal nachzufragen, bevor du dir das zweite Stück nimmst?« Eine Forderung hingegen wäre: »Jetzt sorge mal dafür, dass ich noch was zu essen kriege.« Die größte Aussicht auf Erfolg habe ich, wenn meine Bitte konkret (mit Angabe von Zeit, Ort und Personen) und umsetzbar ist.

Neben dieser vierteiligen Struktur für eine vollständige Mitteilung spielt auch das **Zuhören** eine entscheidende Rolle. Auch hier bestimmt unser Denken, was wir hören. Filtere ich die Worte des Anderen durch das Konzept »Mit dir stimmt was nicht.« (»Du bist rücksichtslos.«)? Oder neige ich eher zu der Idee: »Mit mir stimmt was nicht.« (»Ich war nicht schnell genug.«)? Oder höre ich aus der Perspektive zu: »Was brauche ich?« (»Ich möchte berücksichtigt und mit einbezogen werden.«) und »Was brauchst du?« (»Brauchst du wohlwollendes Verständnis dafür, dass du gar nicht gemerkt hast, dass ich noch keinen Kuchen habe?«)?

Metapher: Worte können Fenster sein oder Mauern.

Zuhören und Verstehen (nach Rosenberg 2012)

- Verstehen ist nicht selbstverständlich.
- Zuhören ist eine Aktivität (eigene Denkfenster gehen auf). Was ist dabei DEINS, wann bin ich bei MIR? Es geht beim ZUHÖREN hin und her zwischen meinen Gedanken und der Erzählung des Anderen.
- Nonverbale Signale haben einen starken Einfluss! Diese sollten abgeklärt bzw. aufgeklärt werden.
- Wir brauchen in der Kommunikation Feedback, Spiegelung und Rückmeldung.
- Bewertungen beeinflussen die Situation und die Stimmung.
- Verstehen heißt nicht zwangsläufig zustimmen und auch nicht zwingend erfüllen.
- Verstanden werden tut gut!
- Den eigenen Lösungsimpuls sollten wir »parken«, ansonsten kann sich daraus der unbewusste Impuls nach »schnell Ruhe bekommen« entwickeln, was zu vorschnellen Lösungen führt. Wozu ist eine Lösung überhaupt nötig?

Gewaltfreie Kommunikation

In die Methodik der Gewaltfreien Kommunikation soll im Folgenden über eine indianische Geschichte eingeführt werden.

Die zwei inneren Wölfe – der Kampf zwischen Gut und Böse.

Ein alter, weiser Indianerhäuptling sitzt eines Abends am Lagerfeuer im Tipi mit einem seiner Enkelsöhne beisammen und erzählt ihm über seine Erfahrungen im Leben: »Im Leben eines jeden Menschen gibt es zwei innere Wölfe, die ständig miteinander kämpfen. Der eine Wolf ist böse. Er arbeitet mit Trennung, Angst, Schuld, Verleugnung, Unterdrückung, Zwietracht, Eifersucht, Neid, Gier, Habsucht, Überheblichkeit, Feindschaft und Hass.

Der andere Wolf ist gut. Er nutzt Verbindung, Vertrauen, Offenheit, Liebe, Wohlwollen, Güte, Verständnis, Mitgefühl, Freundschaft, Friede, Rücksicht, Gelassenheit, Wahrhaftigkeit, Hoffnung und Freude.«

Der Enkel schaut nachdenklich in die züngelnden Flammen des auflodernden Feuers. Nach einem langen Moment des Schweigens fragt er seinen Großvater: »Und welcher der beiden Wölfe wird gewinnen, Großvater?«

Der alte Häuptling schaut ihn eindrücklich an: »Es wird letztendlich der gewinnen, den du am häufigsten fütterst! Darum lebe achtsam und lerne beide Wölfe gut kennen. Und dann wähle jeden Tag von Neuem deinen bevorzugten Wolf aus!«

Jeder kann sich selbst für die Richtung entscheiden, in die er geht: Rache oder Frieden?

Die Weisheit aus der Geschichte

Wir sind im Leben ständig **wechselnden Gefühlszuständen** ausgesetzt. Diese haben ihren Ursprung oft in unseren eigenen **Wahrnehmungen** – die nicht mit Wahrheit verwechselt werden sollten –, in Umständen und Situationen, die wir mehr oder weniger bewusst **werten** und **deuten**.

Und je nach Ausrichtung unserer Wahrnehmung und Wertung geraten wir in positive oder negative Gefühlsbereiche. Diese sind nicht per se falsch oder richtig. Die eigentliche Frage ist: **Welche Seite möchte ich tendenziell nähren, ohne die andere prinzipiell zu verleugnen und so zu tun, als gäbe es sie nicht?**

Einen gewissen Einfluss auf unsere Gefühle haben wir also. Wenn wir uns auf das Positive konzentrieren – auf dass, was wir nähren und fördern wollen – und ihm bewusst mehr Raum in unserem Leben geben, wird es mit der Zeit wachsen und stärker werden. Dies hat ganz essenziell mit **Selbstbewusstsein**, dem Bewusstsein meiner

Stärken und Schwächen sowie mit **Selbstliebe**, dem wohlwollenden Verhältnis zu mir selbst zu tun! Wenn wir jedoch die Zügel ständig schleifen lassen, dann hängt es an unserer bereits vorhandenen inneren, tiefen Grundprägung, auf welcher Seite wir »zufällig« landen.

Ein leicht abgewandeltes Zitat aus dem Talmud beschreibt den Prozess der Gedankenwirkung auf unsere Realität sehr anschaulich:

- *»Achte auf deine Gedanken, denn sie werden zu Wahrnehmungen, Deutungen, Interpretationen und Standpunkten deiner Realität.*
- *Achte auf deine Wahrnehmungen, denn sie werden zu Worten und Aussagen über dich und andere.*
- *Achte auf deine Worte, denn sie werden zu Handlungen, Aktivitäten und Taten in der Welt.*
- *Achte auf deine Handlungen, denn sie werden zu Gewohnheiten, unbewussten Automatismen und Routine.*
- *Achte auf deine Gewohnheiten, denn sie formen deinen tiefen Charakter und die oberflächliche Persönlichkeit.*
- *Achte auf deinen Charakter, denn er wird dein Leben und Schicksal mitbestimmen und letztlich deinen geistigen Weg erleichtern oder erschweren.*

Also beginne mit deinen Gedanken im Geiste! Und so wird das Ende dein Anfang …

… und so entsteht der eine oder der andere Wolf!

Unterschiede von Wolf- und Giraffenwelt

Um seine Ideen zu veranschaulichen, führte Marshall B. Rosenberg ein Sprachbild ein, bestehend aus Wolfs- und Giraffensprache.

Die *Wolfssprache oder Herrschaftssprache* bildet danach die Quelle der Gewalt, sie ist ein Symbol für eine lebensentfremdete Kommunikation. Wölfe sind meistens auf der

Suche nach der Schuld. Diese Sprache zeichnet sich durch Kritik, Strafe, Drohung, Bewertung und Forderungen aus. »Mit Wolfsohren zu hören« bedeutet, Befehle und Kritik nicht nur zu hören, sondern diese auch auszuführen.

Die *Giraffensprache* wiederum ist nach dem Landtier mit dem größten Herzen benannt und heißt deshalb auch *Sprache des Herzens*. Sie ist ein Symbol für lebendige Kommunikation, in ihr wird strikt zwischen Beobachtung und Bewertung der Beobachtung getrennt. Mit ihrem Gebrauch respektieren wir die Bedürfnisse aller und achten auf die Gefühle anderer wie auf unsere eigenen Gefühle. »Mit Giraffenohren hören« bedeutet, Lob und Kritik in etwas Konstruktives umzuwandeln.

• Der Schwerpunkt liegt im Kopf: Interpretationen, Schubladen, Urteile • Vergangenheit, Zukunft, Erwartungen • Kampf/Konkurrenz (Mangelbewusstsein) • Recht haben • Opfer- und Sündenbock-Denken = Jemand ist schuld • Zwang (Gehorsamkeit oder Rebellion), Fassaden, Masken, Lügen, Manipulation • Bestrafen (Rache/Vergeltung) • Fehlerkultur/Kritik, Egoismus • Selbstaufgabe: eigene Bedürfnisse sind nicht wichtig • Schuld, genervt sein, Depression, Ärger • Schmerzbedürfnisse unterdrücken • Schmerzbedürfnisse ausdrücken • Stress	• Der Schwerpunkt liegt im Herz/Bauch: Gefühle und Bedürfnisse • Gegenwart: hier, jetzt und so • Kooperation (»Es ist genug für alle da!«), einander verstehen • Jeder übernimmt seinen Teil der Verantwortung • Freie Wahl • Versöhnend Gerechtigkeit/Wiedergutmachung • Authentizität, Echtheit, Klarheit, Konsequenz • Verzeihen/»Schwamm drüber«/Dankbarkeit • Selbstbehauptung: eigene Bedürfnisse sind wichtig • Bedürfnis, das Leben des Anderen zu bereichern • Traurigkeit

• Ernst des Lebens • Feindbilder (man sieht nur Wölfe)	• Hohoho – Weihnachtsmannenergie = Bedürfnisse sind Geschenke • Ruhe • Spiel des Lebens • Mitgefühl (man sieht nur Giraffen, d. h. Wölfe sind nur Giraffen mit Sprachproblemen)
Es entsteht ein Prozess der mit einem Reiz (Auslöser) beginnt, gedankenschnell kommt es zur Interpretation, daraus erfolgt dann die Reaktion im Sinne einer Forderung an den Gesprächspartner.	Wir beobachten die Situation/das Verhalten und beschreiben konkret unsere Wahrnehmung, danach schildern wir welche Gefühle dabei in uns entstehen, formulieren unsere Bedürfnisse und schließen daran unsere Bitte an den Gesprächspartner an.
Moralisieren, Beschuldigen/Kritisieren, Recht haben wollen, Interpretieren/Analysieren, Bewerten, Beschwichtigen/Beruhigen, eigene Geschichten erzählen, W-Fragen stellen, Ratschläge geben	Vom Herzen her reden, empathisch zuhören
Moralische Urteile: das ist gut/schlecht »So ist das«-Bewertungen (objektiv)	Werturteile: Ich brauche/Mir ist wichtig »Ich finde, dass«-Bewertungen (subjektiv)
Schuldzuweisungen: »Du bist schuld daran, dass ...« Vorstellung, dass der jeweilige Auslöser bestimmte Gefühle verursacht	Selbstverantwortung: »Ich brauche ...« Vorstellung, dass erfüllte/unerfüllte Bedürfnisse Gefühle verursachen
»Du machst mich«-Gefühlswörter »Ich muss, es gehört sich ...«	»Ich bin«-Gefühlswörter »Ich mache das, weil ich ... brauche.«
Forderungen	Bitten
Normal, gewöhnt und erlernt (sind wir alle Experten drin: Liebe deinen Wolf!)	Natürlich, neu zu erlernen (sind wir alle Anfänger drin: Lernprozess/Babygiraffe)

(Vgl. Rosenberg: 2012, 2010a).

Vorsicht!

- Auch ein Kompliment kann eine Form von Gewalt sein, wenn ich oder andere versuchen, dadurch jemanden zu instrumentalisieren oder das Kompliment an eine bestimmte Absicht koppeln.
- Wenn ich andere für meine Gefühle verantwortlich mache: »Wenn du dein Zimmer nicht aufräumst, bin ich traurig.«
- Verbale und/oder physische Gewalt ist immer Gewalt!
- Sich feste Bilder von Menschen zu machen: dem Kind, dem Mitarbeiter, der Frau, dem Mann, kann auch eine Form von Gewalt sein.

(Vgl. Rosenberg 2006)

Der persische Philosoph und Mystiker Rumi (1207–1273) sagt:
»Jenseits von richtig oder falsch liegt ein Ort – dort treffen wir uns!«
(Zit. nach Schimmel 2017)

Prinzipien der Gewaltfreien Kommunikation – inspiriert durch die Personenzentrierte Beratung von Carl Rogers
(vgl. Rogers 2009):

- **Augenhöhe** – Die **Beratungsbeziehung** zwischen gleichberechtigten Partnern erfolgt auf Augenhöhe. Ich verpflichte mich meinen Klienten gegenüber stets, eine respektvolle Haltung der Neugier einzunehmen, und ich freue mich, auch von ihnen lernen zu können.
- Die GFK ist losgelöst von der Methode; der Erfolg im Coaching wird nachhaltig durch Empathie beeinflusst. Unter **Empathie** versteht man das einfühlende Verstehen, das nichtwertende Eingehen auf eine Person, also das echte Verständnis für sie. Ist der Coach in einer Beziehung kongruent (echt, unverfälscht und transparent), so ermöglicht dies ihm, sich auf seinen Gesprächspartner einzulassen und so die Welt mit dessen Augen zu sehen. Er ist also darum bemüht, »den Klienten in seinem Erleben (und seinen damit verbundenen Werthaltungen, Motiven, Wünschen und Ängsten) zu verstehen.« (Rogers 2004)
- **Authentizität:** *[…]» ich bin hier, weil ich hier sein möchte« […] (Roger 2004)* Hiermit macht Rogers klar, dass es dem Klienten in einer Beziehung nur möglich ist zu wachsen, wenn ihm der Therapeut so gegenübertritt, wie er wirklich ist. Das heißt, er ist in dieser Beziehung, in diesem Moment selbst auch Mensch, kann also auch über seine Gefühle und Einstellungen offen reden und stellt sich nicht als jemanden dar, der, etwa aufgrund seiner Profession in der Hierarchie, weiter oben angesiedelt ist als der Klient. Der Therapeut muss (und darf) sich also nicht hinter Fassaden, Rollen und Floskeln verstecken, sondern muss sich in die Situation gerade auch emotional einbringen – eine unmittelbare echte Beziehung von Person zu Person eingehen.
- **Das Grundbedürfnis nach Zugehörigkeit:** Ein Mensch ist in seiner psychophysischen Erscheinung das Ergebnis seiner soziokulturellen Kommunikation. Neben den physischen Bedürfnissen ist das Bedürfnis nach Zugehörigkeit ein existenzielles soziales Grundbedürfnis. Alle Bedürfnisse eines Säuglings werden in sozialer Kommunikation befriedigt. Die Art und Weise dieser Bedürfniskommunikation ist maßgeblich sowohl für die Ausprägung des Zugehörigkeitsgefühls als auch für die Bildung von Verhaltensmustern.

Es geht um mich, es geht um dich! Wie geht es dir, wie geht es mir?

Rosenberg geht von der Grundannahme aus, dass ein Mensch mit allem, was er tut, ein Bedürfnis zu befriedigen versucht und dass es bei aggressiven Auseinandersetzungen und Gewalt immer auch um das Bedürfnis nach Wertschätzung und Respekt geht (vgl. Rosenberg 2004).

Grundannahmen für die Gewaltfreie Kommunikation

- Wenn unsere (Grund-)Bedürfnisse dauerhaft nicht erfüllt werden, werden wir krank.
- Universalität der menschlichen Bedürfnisse: Wir alle haben die gleichen Bedürfnisse, Konflikte tauchen auf der Ebene der Strategien auf, die wir wählen um unser Bedürfnisse zu erfüllen.
- Gefühle haben ihre Wurzeln in unerfüllten oder erfüllten Bedürfnissen und stehen in Beziehung zu Glauben und Interpretation.
- Alles, was Menschen tun, sind Versuche, ihre Bedürfnisse zu erfüllen.
- Wir haben eine angeborene Fähigkeit zum Mitgefühl.
- Etwas als richtig oder falsch zu beurteilen, führt zu Trennung und Streit. Urteile auf der Basis von erfüllten Bedürfnissen schaffen Frieden.
- Alle Menschen bemühen sich, ihre Bedürfnisse erfüllt zu bekommen.
- Jeder Mensch hat erstaunliche Fähigkeiten, die uns erfahrbar werden, wenn wir in herzlichen Kontakt miteinander kommen.
- Menschen leben in guten Beziehungen, wenn sie sich gegenseitig bei der Erfüllung ihrer Bedürfnisse unterstützen.
- Hinter jedem aggressiven Verhalten (z. B. Gewalt) steckt ein unerfülltes Bedürfnis.
- Gewalt ist der tragische Ausdruck eines unerfüllten Bedürfnisses. Wer Gewalt ausübt, verliert häufig die Zugehörigkeit zu seinem sozialen System.
- Es gibt keine »negativen« Bedürfnisse.
- »Täter sind auch Opfer«, diese Haltung ist die Voraussetzung, um mit GFK zu arbeiten.
- All unsere Handlungen haben das Ziel, eines oder mehrere Bedürfnisse zu befriedigen.

- Menschen sind soziale Wesen und sehnen sich nach wertschätzender Verbindung und Mitgefühl. Menschen streben nach Zugehörigkeit.
- Deshalb sind Menschen gern freiwillig bereit, das Leben anderer zu bereichern, denn sie möchten sich damit das Bedürfnis nach Kontakt und Zugehörigkeit erfüllen
- Jede aggressive Aussage ist der verzweifelte Versuch, sich ein Bedürfnis zu erfüllen bzw. erfüllen zu lassen.
- Das aggressive Verhalten eines Anderen hat nichts mit mir zu tun – dass etwas mit mir nicht richtig sei, weist auf unerfüllte Bedürfnisse hin und kann entsprechend übersetzt werden.
- Wenn ICH mein Verhalten ändere, wirkt sich das auch auf das Verhalten des Anderen aus.
- Es macht Sinn, die Verantwortung für sich selbst und die eigenen Handlungen zu übernehmen, und gleichzeitig die Verantwortung für fremdes Handeln beim Anderen zu lassen. »Ich bin sauer, dass du den Müll nicht runtergebracht hast.« – Welche Gefühle kommen dabei hoch? »Ich fühle mich nicht ernst genommen.« – Damit mache ich den Anderen für meine Gefühle verantwortlich.
- Das ICH und das DU voneinander zu trennen ist die große Herausforderung.
- Die Menschen nicht generalisieren, kein Mensch ist X oder Y, wir charakterisieren jemanden oft im Alltag, z. B.: »Du Egoist«.
- Es ist hilfreich, Person und Handlung voneinander zu trennen. Ich beziehe mich nur auf die eine, konkrete Situation und generalisiere die Person nicht.

(Vgl. Rosenberg 2004)

Besonderheiten der Gewaltfreien Kommunikation

- Es sind nicht alle Parteien zwangsläufig anwesend (im Gegensatz zur Mediation).
- Es ist manchmal hilfreich, nur eine Partei zu begleiten.
- Welchen Anteil haben die eigenen inneren Konflikte am Gesamtkonflikt mit einer anderen Partei?
- Die Haltung des Konfliktbegleiters ist die Allparteilichkeit (im Unterschied zur Neutralität des Mediators).

Gewaltfreie Kommunikation – der Prozess

In der Gewaltfreien Kommunikation wird zwischen Bewertungen und Beobachtungen unterschieden. Beobachtungen beschreiben die Situation möglichst objektiv, es werden sinnlich erfahrbare Wahrnehmungen wiedergegeben, die frei sind von Interpretationen, in aller Regel auch von Adjektiven und Substantivierungen. Wenn sich Beobachtung und Bewertung vermischen, hört der Gesprächspartner Vorwurf und Kritik. Es gilt, Gefühle auf der emotionalen und der psychosomatischen Ebene zu erspüren, um zu erkennen, welche Bedürfnisse sichergestellt werden müssen bzw. bedroht sind. Daraus eine Bitte formulieren, die es möglich macht, das Bedürfnis sicherzustellen.

Die vier Schritte der GFK:

1. **Beobachtung:** Das beobachtbare Verhalten: Was sind die Auslöser?
2. **Gefühl:** Was war unsere emotionale Reaktion? Welche körperlichen Empfindungen hatten wir?
3. **Bedürfnis:** Was brauchen wir? Was sind unsere Werte?
4. **Bitte:** Was möchte ich, was geschehen soll/was getan werden soll? Wie sieht das

konkrete Verhalten aus? Ich tue es, jedoch aus eigener Überzeugung und aus eigener Entscheidung, nicht aus einem Vermeidungsverhalten heraus.

Wolfssprache (Wölfe beißen und heulen): Bedürfnisse werden ausgedrückt, indem wir über den Anderen sprechen.

Giraffensprache (langer Hals = ich schaue mir das Ganze von oben bzw. außen an; Giraffen haben das größte Herz im Tierreich, fast keine natürlichen Feinde, zeigen keinerlei aggressives Verhalten): Wir sprechen über unsere Bedürfnisse oder wir spiegeln, wie wir die Bedürfnisse des Anderen wahrnehmen.

(Vgl. Rosenberg 2015)

Die Übung wird in Form eines A-B-C-Rollenspiels durchgeführt:

A = Coach
B = Coachee (= Person, die ein Coaching in Anspruch nimmt)
C = beobachtet und moderiert den Prozess

A begleitet **B** durch den Prozessverlauf, **C** beobachtet den Prozess von außen und gibt im Anschluss A und B ein Feedback zum Prozessverlauf.

C lädt zunächst beide Protagonisten ein, aus ihren Rollen heraus ihr situatives Erleben zu schildern. Die Idee in diesem Training ist, dass **die drei Protagonisten jeder einmal jede Rolle einnehmen** und somit die Möglichkeit haben, das Konfliktcoaching aus drei unterschiedlichen Perspektiven zu erleben.

Die Wolfsshow geht den vier Schritten der GFK voran. Im Grunde ist sie ein gedankliches und verbales Abreagieren als Reaktion auf einen Vorfall, der einen emotional mitgenommen hat. Ausgesprochen wird alles, was einem in den Kopf kommt, Verurteilungen, Verwünschungen, Beschuldigungen, Gefühle, Bedürfnisse etc., alles, was da ist. Wobei der Schwerpunkt auf den Urteilen gegenüber der auslösenden Person und/oder sich selbst liegt. Hier darf so richtig schön »vom Leder gezogen werden«, damit in Schritt 2 die Beobachtung von der Bewertung getrennt werden kann. Sollte der Coachee während des Prozesses wiederholt das Bedürfnis haben, seinen Konfliktpartner zu diskreditieren, wird immer wieder zur Wolfsshow zurückgegangen, bis der ganze emotionale Druck weg ist und der Prozess komplett durchlaufen wurde.

Marshall B. Rosenberg sagt dazu: »Lean back and enjoy the Jakalshow! « (Rosenberg 2012)

Prozessverlauf

1. **Wolfsshow:** Das Äußern unreiner Gedanken, den Ärger rauslassen, sich der hohen Energie bewusstwerden.
2. **Beobachtung:** Tatsachen beschreiben, Beobachtung und Interpretation nach Möglichkeit voneinander trennen!!!
3. **Gefühle:** Keine Täter-Opfer-Zuschreibung (falls das nicht möglich ist: zurück zur Wolfsshow). Die Wut kommt aus der Wolfsshow, z. B. durch das Gefühl der Hilflosigkeit. Die psychosomatischen Reaktionen beschreiben lassen, es geht um »das Gefühl hinter dem Gefühl«. Wie sieht die aktuelle Gefühlslage aus, wie ist es JETZT?
4. **Bedürfnisse:** »Das Bedürfnis hinter dem Bedürfnis.« Häufig geht es um Wertschätzung, ernst nehmen, um selbst gesehen zu werden, oder um zentrale menschliche Grundbedürfnisse.
5. **Bitte:** Das muss etwas konkret Erfüllbares oder Ablehnbares sein. Was kann ICH tun? Fokus auf den eigenen Anteil legen.

Die Bitte ist der abschließende Teil dieses Prozessmodells mit dem Ausblick auf das, was sich der Coachee wünscht. Die Bitte im Kontext der GFK baut darauf auf, dass sich der Coachee im Vorfeld über seine Bedürfnisse und die damit verbundenen Gefühle im Klaren ist. Das bedeutet, dass im Prozess Klarheit darüber besteht, um was es konkret geht und wie es dem Konfliktpartner gegenüber als Bitte formuliert werden soll. Spürt der Konfliktpartner, dass der Andere authentisch ist, kann auch die Bitte als solche gehört werden und beim Empfänger steigt die Bereitschaft, diese Bitte zu erfüllen (vgl. Rosenberg 2015).

Die Bitte hat zwei Ebenen:

- **Handlungsebene** – Ich äußere eine konkrete Handlungsbitte: »Gib mir 15 Minuten Zeit, um mich im Telefonat zu äußern.« Ich muss von der Haltung her akzeptieren, dass die Person, an die die Bitte gerichtet ist, die Handlungsbitte auch ablehnen kann.
- **Verstehensebene** – »Sage mir bitte, was bei dir angekommen ist.«
- Erst Verstehensbitte, dann Handlungsbitte, das entschleunigt den Prozess.

Die Schwierigkeit besteht darin, die Gefühle, die Gedanken und die Bedürfnisse voneinander zu trennen.

Der nächste Schritt ist die Auswertung der Übung

Allgemeines Fazit aus der A-B-C-Übung:

Gefühle:
- Gefühle haben keine Täter!
- Echte Gefühle haben nur mit mir zu tun!
- Was spüre ich jetzt gerade?
- Mache ich jemand Anderem einen Vorwurf?
- Hier geht es um meine Haltung!

Mein Fazit aus der Rolle des Coaches in drei Runden A-B-C-Training:
- Klarheit für den Coachee darüber schaffen, was in den einzelnen Prozessschritten passiert.
- Der Prozess ist keine Einbahnstraße, es kann sinnvoll und hilfreich sein, zu einem früheren Prozessschritt (z. B. zur Wolfsshow) zurückzugehen.
- Das aktuelle Gefühl im Hinblick auf seine somatischen Auswirkungen beschreiben lassen.
- Der Coachee hat die Deutungshoheit über seine Gefühle und Bedürfnisse.
- Zentral ist das Bedürfnis hinter dem Bedürfnis.

Marshall B. Rosenberg, der Begründer der Gewaltfreien Kommunikation, bezeichnet Bedürfnisse wie seine Vorgänger als zentrales Motivationssystem und darüber hinaus als die Wurzel aller Gefühle. Seine Hauptthesen lauten: Alles, was Menschen tun, tun sie aufgrund von Bedürfnissen. Bleiben Bedürfnisse unerfüllt, äußert sich dies in unangenehmen Gefühlen. Gefühle funktionieren wie Warnlampen im Auto, sie zeigen den niedrigen Füllstand eines Bedürfnistanks an. Diese unmittelbare Verknüpfung von Gefühlen und Bedürfnissen, deren Grundgedanke Rosenberg im Studium bei Carl Rogers entwickelt hat, stellt einen äußerst nützlichen Beitrag zur Kommunikationstheorie und zur Mediationspraxis dar (vgl. Rogers 2002; Rosenberg 2012).

Unser kulturelles Muster lehrt uns, dass immer irgendjemand schuld sein muss, wenn wir unangenehme Gefühle haben. Dabei handelt es sich – wie wir in der Mediation erleben – meistens um »die anderen«. Auch Ärger, Scham und Depression können einen Konflikt verschärfen, nämlich dann, wenn wir uns selbst die Schuld für unerfüllte Bedürfnisse geben und dabei »als Leidende unserer selbst« gleichermaßen aus dem Kontakt gehen. Für Marshall B. Rosenberg beginnt erfolgreiche Vermittlung genau in dem Moment, wenn den Streitparteien gelingt, unabhängig vom Auslöser eines Konflikts die Verbindung zwischen ihren unangenehmen Gefühlen und den damit verknüpften unerfüllten Bedürfnissen herzustellen. Dies ist das eingangs erwähnte Nadelöhr der Konfliktklärung. Weil sich jedes Bedürfnis durch eine Vielfalt von Strategien erfüllen lässt, können die Streitparteien nun gemeinsam überlegen, welche Strategien das Ziel der Bedürfnisbefriedigung erfüllen, ohne dass diese auf Kosten der anderen Parteien gehen (vgl. Rosenberg 2012, 2015).

Der Weg zu gegenseitigem Verständnis ist manchmal steinig und erfordert einen langen Atem. **Es gibt keine einheitliche und ewig gültige Gefühls- und Bedürfnislogik.** Achte auf deine Bedürfnisse und Ziele und auch auf die deiner Mitmenschen. Achte auf deine Ziele, denn du könntest sie erreichen. Was im Folgenden als klassischer Herrenwitz daherkommt, um die Fantasien alternder Männer zu befriedigen, entpuppt sich in der Pointe als eine echte Kehrtwendung gemäß dem Motto: Wünsche werden wahr!

Das Feenbeispiel:

»Es waren einmal zwei Eheleute, die mit 25 geheiratet hatten und jetzt, nach 25 Ehejahren, silberne Hochzeit feierten. Da erschien plötzlich eine Fee und verkündete, dass beide je einen Wunsch frei hätten. Die Frau wünschte sich nichts mehr, als einmal eine Reise rund um die ganze Welt machen zu können. Die Fee schwang ihren Zauberstab und ZACK! gab es Reisetickets für die beiden 50-Jährigen. Danach war der Gatte an der Reihe. Er dachte einen Moment nach und fragte: »Kann ich mir alles wünschen?« Die Fee bestätigte: »Alles.« »Okay« sagt er, »dann hätte ich gerne eine Frau, die 30 Jahre jünger ist als ich!« Die Fee machte einen Kreis mit ihrem Zauberstab und ZACK«, war er 80!« (Baxter/Manson 2014).

In der Gewaltfreien Kommunikation geht es darum, uns selbst besser kennen zu lernen. Wir sind aufgefordert, unsere Gefühle kennen zu lernen und auszudrücken. Es wird dabei eine Unterscheidung vorgenommen zwischen dem Ausdruck von wahren Gefühlen und Aussagen, von denen wir denken, es handele sich um Gefühle, hinter denen sich jedoch Gedanken, was wir über jemand anderen denken, verstecken.

Beispiele:
- *»Ich fühle mich betrogen.« Betrogen worden zu sein ist kein Gefühl, sondern das, was wir über andere denken.*
- *»Ich habe das Gefühl, dass ich das nicht schaffe.« Auch das ist kein Gefühl, sondern ein Gedanke.*

Das Gefühlsleben ist facettenreich, Rosenberg unterscheidet zunächst in fünf Grundgefühle und im Weiteren zwischen Primär- und Sekundärgefühlen. Um das Benennen der Gefühle zu erleichtern, werden sie auf den nächsten Seiten etwas differenzierter aufgeführt.

Die fünf Grundgefühle nach Rosenberg (2012)

Intention
Intentionale Gefühle können im weitesten Sinne als »Hungergefühle« verstanden werden. Intention ist der Ausgangspunkt für unser Lernen, für unsere Entwicklung

von Fähigkeiten, Fertigkeiten und Kreativität. Im Normalleben verstehen wir unter Intention das Gefühl der erwartungsvollen Leere, das auf Erfüllung abzielt. Die Intention ist auf ein Objekt (z. B. ein Auto, ein Wissensgebiet, einen Menschen) gerichtet. Wir fühlen uns vom Gegenstand unseres Interesses gefesselt, angezogen, fasziniert und verlangen danach, wir möchten diese Dinge näher kennenlernen und erforschen. Wir haben den Wunsch nach Öffnung, Erweiterung und Ausdehnung unseres Erfahrungsbereichs.

Angst

Angstgefühle kennen wir als Aufgeregtheit, Besorgnis oder Beengung. Sie können sich steigern über Schreck und Entsetzen bis zur Panik. Wir fühlen dann Ungewissheit, Unsicherheit und Bedrohung, erleben eine innere Spannung, die uns zunehmend handlungsunfähig machen kann. Angst kann uns wie gebannt erstarren lassen oder zu einer extremen Beschleunigung körperlicher oder gedanklicher Abläufe führen.

Aggression und Schmerz

Unter den Begriff der Aggression kann man ein Kampf- und Streitgefühl oder auch ein Kränkungs- und Verletzungsgefühl fassen. Verwendet man die Begriffe Schmerz und Aggression, so kann man unter Schmerz, dem ,seelischen' Schmerz, Frustration verstehen und unter Aggression einen objektgerichteten Handlungsimpuls.

Das Aggressionsgefühl ist ein Gefühl von Energie und Kraft, verbunden mit tätlichen Fantasien oder dem Impuls, zuzuschlagen, etwas zu zerstören, jemandem Schmerz zuzufügen. Die Handlungsschwelle wird überschritten, etwas geschieht.

Trauer

Trauer ist das Verlustgefühl, die Reaktion auf den Verlust eines geliebten Subjekts oder Objekts. Manche meinen, dass wir den ersten Verlust im Leben bei der Geburt erleben durch den Verlust des Einssein mit der Mutter.

Die Trauer kann sich auf ganz unterschiedliche Subjekte und Objekte richten. Wir betrauern mehr oder weniger stark gedankliche, gegenständliche Objekte oder Gefühlsobjekte in ihrem Kommen und Gehen. Wir beenden z. B. eine Arbeit, verabschieden jemanden oder erleben, wie ein glücklicher Moment zu Ende geht.

Die Fähigkeit zu trauern ist ein Zeichen gesunder Persönlichkeitsentwicklung. Die Trauer endet mit der Ablösung vom Objekt. Die geglückte Loslösung wird mit Erleichterung erlebt. Daraufhin kann die Zuwendung zu neuen Objekten folgen.

Freude

Freude ist ein Gefühl des Sieges, Erfolges und Stolzes. Es stellt sich bei der Erreichung eines Zieles ein, es ist ein Gefühl des Erfülltseins. Freude ist vielfältig und mit ständig wechselnden Objekten verknüpft. In einem Augenblick erfreut uns ein schöner Anblick, im nächsten etwas Gehörtes oder Ertastetes. Ein freudiges Hochgefühl nennen wir Glück, Seligkeit oder Euphorie. Freude trägt zu diesem Gefühl bei, dass wir uns mit anderen Menschen zusammengehörig fühlen.

Der Gefühlsstern (vgl. Stavermann 2018)

Anmerkung: Der Gefühlsstern ist nicht der GFK nach Rosenberg zuzuordnen. Das Ziel ist es, an die emotionalen Differenzierungen innerhalb der benannten Primärgefühle heranzukommen.

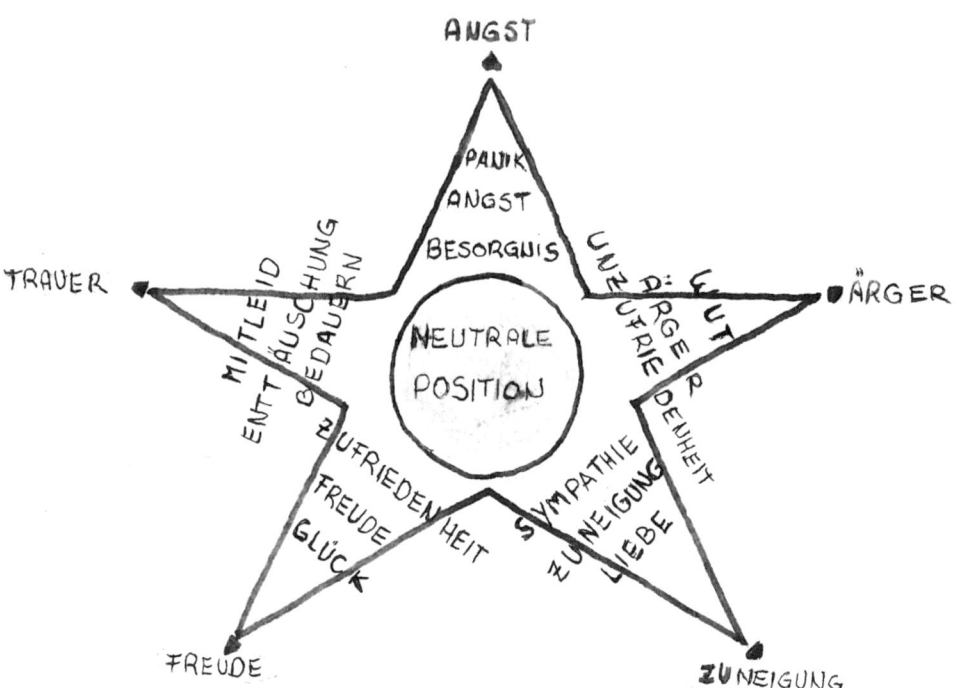

Unterschiede von Primär- und Sekundärgefühlen

Sekundärgefühle werden auch **Ersatzgefühle** genannt. Es sind vorgeschobene Gefühle, die anstatt des jeweiligen Primärgefühls aufkommen, insofern haben sie manipulativen oder ablenkenden Charakter. Da das Primärgefühl im Sekundärgefühl enthalten ist, ist das Sekundärgefühl immer ein zusammengesetztes, gemischtes Gefühl.

In gewisser Weise stellen Sekundärgefühle einen (fehlgeleiteten) Schutzmechanismus dar, indem sie versuchen, den direkten Kontakt zum Primärgefühl zu verhindern. Gerade hierdurch kann sich eine emotional angespannte Situation jedoch nicht auf natürliche Weise entladen. Erschwerend kann hinzukommen, dass der Sekundärgefühlsempfinder seinen Anteil dazu beiträgt, dass das Sekundärgefühl »am Leben bleibt« und womöglich noch mutiert in andere Sekundärgefühle (»Na warte, wenn der mir wieder unter die Augen kommt!«), Das Sekundärgefühl wird dann wieder und wieder aufgekocht und dem Anderen als x-ter Aufguss serviert ...

Primärgefühle klingen ähnlich schnell wieder ab, wie sie gekommen sind. Bei Sekundärgefühlen verhält sich dies spürbar anders. Primärgefühle geschehen unwillkürlich, Sekundärgefühle hingegen werden künstlich produziert und oft auch konserviert. Das Primärgefühl Ärger, das man vormittags aufgrund des zu spät kommenden Partners hatte, kann als Sekundärgefühl (z. B. als Vorwurfshaltung) den ganzen Tag über kultiviert und immer wieder neu aufgekocht werden, um es den Partner abends dann richtig spüren zu lassen. Hätte man dagegen seinem Ärger zum richtigen Zeitpunkt (im Augenblick seines Erscheinens) Luft gemacht, wäre er kurze Zeit später schon verraucht gewesen.

Beispiel: Der geliebte Hund seines Frauchens ist gestorben. Als sie auf der Arbeit gefragt wird, was denn los sei, antwortet sie weinerlich und mit schwacher Stimme, dass sie sich heute einfach nicht so gut fühle. Hierdurch deckt sie das Primärgefühl der Trauer zu.

Im Gegensatz zu Primärgefühlen fehlt **Sekundärgefühlen** die Klarheit, Reinheit und Ergriffenheit. Sobald Sekundärgefühle im Spiel sind, liegt Spannung in der Luft.

Fragealternativen für den Coach: »Was ist denn hier los? Worum geht es wirklich?«

Sekundärgefühle erkennt man als Außenstehender an folgenden Kriterien:
- Das Gefühl ist nicht situationsangepasst.
- Man fühlt sich aufgefordert, etwas zu tun (weiß aber nicht, was).
- Man fühlt sich schuldig.
- Dasselbe Gefühl taucht immer wieder auf, auch in anderen Situationen.
- Das Gefühl bewirkt nicht die erforderlichen Handlungen.
- Anstatt angemessener Handlungen wird das Gefühl breitgetreten und die Schilderung überzogen ausgeweitet, teils extrem detailliert.
- Das Gefühl ist nicht altersgemäß bzw. es passt nicht zur Persönlichkeit.
- Der Zuhörer fühlt sich zunehmend beunruhigt, irritiert, unaufmerksam, verwirrt und sucht nach Ablenkung.
- Die Person wechselt ständig zwischen einem In-sich-gekehrt-Sein und Erzählen sowie einem Auf-die-Wirkung-Achten hin und her.

Sekundärgefühle in Beziehungen zerstören auf Dauer die Liebe.

Sekundärgefühle in Gruppen

Beispiel: Ein Teilnehmer einer Veranstaltung fragt mit einem weinerlichen, beschwichtigenden Unterton: »Können Sie das bitte noch einmal erklären? Ich habe es nicht richtig verstanden.« Wenn der Seminarleiter auf diese Frage nun inhaltlich einsteigt, ohne den Sekundärgefühlscharakter zuerst aufzulösen, macht er sich zum Spielball dieses Teilnehmers und verliert unter Umständen sehr schnell den Rest der Gruppe.

Das Intonationsmuster des Teilnehmers lässt darauf schließen, dass es ihm mehr darum geht, sich (schlicht und ergreifend) Aufmerksamkeit zu holen, als wirklich die Frage beantwortet zu bekommen. Wird nun die Frage beantwortet (um die es ihm eigentlich nicht geht), bekommt der Teilnehmer, was er will, und er wird sich bestärkt sehen, dieses Spiel fortzusetzen. Und zwar auf Kosten des Trainers und der restlichen Gruppe. In nicht wenigen Veranstaltungen kann ein Teilnehmer mit einem solchen Muster (dem sich dann oft automatisch weitere Teilnehmer anschließen) die ganze Veranstaltung sprengen.

Hier könnte der Seminarleiter versuchen, das Primärbedürfnis zu klären, indem er »den Ball zurückspielt« und fragt: »Was haben Sie denn bisher konkret verstanden?«, oder dem Teilnehmer sein Verhalten rückspiegelt: »Meine Wahrnehmung ist, dass es Ihnen mehr um Aufmerksamkeit und weniger um das Verstehen geht?«

Sobald ein Sekundärgefühl erkannt wird, ist zu klären, für welches zugrundeliegende Bedürfnis es steht, damit nachfolgend ermöglicht werden kann, das passende Primärgefühl zu erleben. Hierzu gibt es u. a. folgende Möglichkeiten:

Sekundärgefühle

- sind weder rein noch situationsangepasst.
- bewirken Spannung, können hilflos bis aggressiv machen.
- können lange nachwirken und immer wieder »aufgekocht« werden.
- führen dazu, dass man sich genervt, müde oder manipuliert fühlt, eventuell sogar erpresst (ohne dass klar wäre, warum bzw. wodurch).
- dürfen nicht bestätigt werden, sonst droht Eskalation.

Die Gefühlsbezeichnungen sind unterteilt in:

- **Gefühlszustände, wenn Bedürfnisse erfüllt sind, z. B.:**

angeregt, angetan, ausgeglichen, begeistert, belebt, berührt, beschwingt, elektrisiert, entspannt, entzückt, erleichtert, erfrischt, erregt, erstaunt, frei, frisch, froh, fröhlich, gelassen, gespannt, glücklich, gutgelaunt, heiter, hoffnungsvoll, im siebten Himmel, inspiriert, interessiert, klar, kraftvoll, lebendig, lebhaft, leicht, liebevoll, locker, munter, neugierig, ruhig, sanft, satt, sicher, stabil, stark, still, übermütig, verblüfft, vergnügt, versunken, verträumt, vital, wach, weich, weit, wohl, zuversichtlich, zufrieden.

- **Gefühlszustände, wenn Bedürfnisse nicht erfüllt sind, z. B.:**

abgespannt, angespannt, ängstlich, antriebslos, apathisch, ärgerlich, aufgebracht, aufgeregt, aufgewühlt, ausgebrannt, bedrückt, bekümmert, besorgt, bitter, deprimiert, durcheinander, einsam, elend, empört, energielos, eng, entsetzt, enttäuscht, erregt, erschöpft, erschrocken, erschüttert, erstaunt, fassungslos, feindselig, frustriert, geladen, gelähmt, genervt, gereizt, gestresst, hilflos, hungrig, irritiert, kalt, lahm, leer, lustlos, matt, müde, mulmig, nervös, niedergeschlagen, ohnmächtig, rastlos, sauer, schlaff, schockiert, traurig, unbehaglich, ungeduldig, unglücklich, unruhig, unsicher, unwohl, verkrampft, verschlossen, verletzt, versteinert, verstimmt, verstört, verzagt, verzweifelt, wehmütig, widerwillig, wütend, zornig.

- unechte Gefühle (mentale- bzw. Pseudogefühle)
- sowie eine mögliche Liste mit Beispielen für »Stellvertreterbedürfnisse«

Auch wenn die Listen lang und umfangreich sind, wundere dich nicht, wenn ein Gefühl fehlt.

Bedürfnisse:

In der GFK unterscheiden wir zwischen Bedürfnissen und Strategien zur Bedürfniserfüllung. Strategien sind konkrete Handlungen und können im Gegensatz zu Bedürfnissen auch destruktive Formen annehmen und zu Konflikten führen. Jeder Mensch trägt alle menschlichen Bedürfnisse in sich, auch wenn von Kultur zu Kultur bestimmte Bedürfnisse unterschiedlich stark ausgeprägt sein können.
- Worum geht es mir?
- Wofür brauche ich was?

Es geht um die Gegenwart! Es geht um das Heute!

Bedürfnisse sollten ganz allgemein formuliert sein (ohne Angabe von Person, Zeit und Ort, ohne sie auf eine bestimmte Art und Weise erfüllen zu müssen).

Der Zugangsschlüssel zum »Raum« der Bedürfnisse sind die Gefühle!

»Die Gefühle sind die Babys der Bedürfnisse.« (frei zitiert nach H. Warmbier)

Die nachfolgenden Bedürfnisbegriffe haben sich in GFK-Trainings vielfach bewährt. Die Liste orientiert sich an Modellen von Marshall B. Rosenberg (vgl. Larsson/Hoffmann 2013).

Autonomie:
- die eigenen Träume, Ziele, Werte
- selbst entscheiden können, wie man sie erreicht

Feiern und Dankbarkeit:
- feiern, wenn wir Ziele und Träume erreicht haben
- Verluste von geliebten Menschen, von Träumen etc. betrauern

Integrität/Rechtschaffenheit:
- Authentizität
- Kreativität
- Bedeutung und Sinn
- Selbstwert

Gegenseitigkeit:
- Akzeptanz
- Anerkennung
- Nähe
- Gemeinschaft
- Rücksicht und Berücksichtigung
- Einen Beitrag leisten, um das Leben zu bereichern
- emotionale Sicherheit
- Empathie und Einfühlung
- Ehrlichkeit, Aufrichtigkeit
- Liebe
- Bestätigung, Beruhigung
- Respekt
- Unterstützung
- Vertrauen
- Verständnis
- Wärme

Physische Bedürfnisse:
- Luft zum Atmen, Wasser, Nahrung, Bewegung, Training
- Schutz vor gefährlichen Lebewesen (Viren, Bakterien, Insekten, Beutetiere [vor allem in menschlicher Form])
- Sexualität
- Schutz und Sicherheit
- Berührung
- etc.

Geistige Verbindung und Verbundenheit:
- Schönheit
- Harmonie
- Inspiration
- Ordnung
- Friede

Primär- und Sekundärbedürfnisse

Man unterscheidet in der Regel zwischen Primär- und Sekundärbedürfnissen. Unter Primärbedürfnissen versteht man die Bedürfnisse, die jeder Mensch hat. Sie sind angeboren und einige davon sind lebensnotwendig.

Primärbedürfnisse:

- **Neugier:** Abwechslung, Neuheit, Wissbegierde, Horizonterweiterung, Experimentierlust
- **Leistung:** Ehrgeiz, Erfolg, Perfektionismus, Effizienz, Wettbewerb
- **Kontakt und Anlehnungsbedürfnis:** Ausleben bestehender Beziehungen oder Aufbau neuer Beziehungen, Zugehörigkeit zu einer Gemeinschaft, Liebe
- **Macht:** Dominanz, Führung, Kontrolle über andere, Einfluss, Prestige (Ruf), Stellung

- **Sicherheit:** Risikovorsorge, Vermeiden von Misserfolgen, Schmerz, Krankheit, Verlust, Furcht
- **Selbsterhaltung:** gesundbleiben – gesundwerden, Schmerzvermeidung, Flucht, Gefahrenabwehr
- **Helfen:** Hilfe oder Unterstützung leisten, Schützen, Fürsorge
- **Hilfe erhalten:** unterstützt, angeleitet, beschützt werden
- **Bequemlichkeit:** Ausruhen, Trägheit, Arbeitserleichterung, Zeitersparnis, Vermeiden von Anstrengung
- **Ordnung:** Einfachheit, Verständlichkeit, Vorhersagbarkeit der Umwelt
- **Unterhaltung:** Spiel, Zerstreuung, Ablenkung
- **Gewinn:** Geld verdienen oder gewinnbringend anlegen, sparen, Besitz mehren, finanzieller Berufserfolg
- **Prestige:** Bewunderung und Anerkennung durch sich selbst, reale oder nur vorgestellte Dritte
- **Sex:** reale oder fantasierte sexuelle Aktivitäten
- **Emotionen:** Gefühlsbetonung, Aufregung, Risiko, Vermeiden bzw. Herbeiführen negativer bzw. positiver Emotionen
- **Rückzug:** Ruhe, Regeneration, Schlaf
- **Autonomie:** Selbstbestimmung, Freiheit, Widerstand gegen Beeinflussung und Verteidigung der eigenen Werte und Meinungen

Sekundärbedürfnisse

Sekundärbedürfnisse sind je nach Entwicklungsstufe des Menschen anders. Sie verbessern bzw. verändern den Lebensstandard eines Menschen. Sekundärbedürfnisse sind Tätigkeiten, die sich ein Mensch angewöhnt hat. Das kann z. B. **Rauchen** sein, jeden Morgen **Kaffee** zu trinken oder **joggen** zu gehen. Diese Bedürfnisse sind je nach Menschen unterschiedlich und in der Regel nicht lebensnotwendig (vgl. Rosenberg 2012, 2015; Cremer 2016; Lichtkreis.at o.J.).

Das Vier-Ohren-Modell der gewaltfreien Kommunikation – die vier Arten zu hören

In stressigen Lebenssituationen reagieren wir Menschen meist aus uns vertrauten Mustern heraus. Hinterher sind wir oft schlauer und ärgern uns, dass wir nicht die richtige Antwort parat hatten. Das Vier-Ohren-Modell der GFK sensibilisiert dich für die verschiedenen Arten, wie du in der unmittelbaren Kommunikation auf Vorwürfe direkt reagieren kannst. Wie bereits beschrieben, spielt in der GFK die Unterscheidung in Wolfs- und Giraffensprache eine zentrale Rolle. Dementsprechend gibt es die Wolfs- und Giraffenohren auch in diesem Modell. Der Wolf steht für die gewaltvolle Art des Hörens, die Giraffe für die gewaltfreie Art des Hörens. In Bezug auf Dialoge kann man auch von Schuld- bzw. Verständnisohren sprechen. Ein weiterer wichtiger Aspekt ist die »Richtung« der Ohren: Ohren können nach innen gerichtet sein, dann beziehen sie sich auf uns selbst, oder sie können nach außen gerichtet sein, dann beziehen sie sich auf unseren Gesprächspartner.

6-Stühle-Übung – Jeder auf jedem Stuhl

GEGENANGRIFF   SELBSTVORWURF   SELBSTEMPATHIE   EMPATHIE

VORWURFSSTUHL =
formuliert einen Vorwurf

BEOBACHTERSTUHL
(ZUHÖRER)

Merke:

- Auf dem **Empathiestuhl** höre ich keinen Vorwurf.
- Vorsicht mit Fragen auf dem **Empathiestuhl**; damit sind Fragestellungen gemeint, die andere zu schnell zu Lösungen einladen.
- Es geht auf dem **Empathiestuhl** darum, die Werte und Bedürfnisse des Anderen zu erkennen und zu akzeptieren, bevor es zu Lösungen kommt.
- Die Handlung (Inhalt) von der Person trennen (durchaus »hart« in der Sache bleiben, aber immer fair zum Menschen).
- Einen Vorwurf nicht als Vorwurf hören, sondern als Hilferuf für nicht erfüllte Bedürfnisse.
- Ein Vorwurf kann auch ein Angriff sein.
- Im Inneren des Menschen ist etwas Anderes, als man von außen sieht. Dementsprechend geht es darum, den Kern zu entdecken. Kern = das Bedürfnis, das beim Anderen nicht erfüllt ist.

- Die Energie nutzen, sie aufgreifen, um bei dem Anderen Sicherheit herzustellen. Mit der Energie mitgehen und nicht dagegen arbeiten.
- Nicht bei dem Gefühl (traurig) stehen bleiben, sondern nach dem nicht erfüllten Bedürfnis (fehlende Sicherheit) fragen.

(Vgl. Rosenberg 2004, 2012, 2013; Cremer 2016)

Übungen für den Empathie-Stuhl – Methode: Speed-Dating

Ausgangssituation:

Jeder formuliert auf einer Moderationskarte schriftlich einen Vorwurf, den er dann wortgetreu an alle anderen gerichtet wiederholt.

»Mit deiner Absage hast du mich wieder einmal enttäuscht!«

Mögliche Empathie-Fragen:
- »Bist du enttäuscht (Gefühl), weil du mehr Nähe (Bedürfnis) brauchst?«
- »Kann es sein, dass du traurig (Gefühl) bist und es dir um mehr Aufmerksamkeit geht (Bedürfnis)?«
- »Fühlst du dich alleine gelassen (Gefühl), weil du dir mehr Unterstützung (Bedürfnis) wünscht?«

Es geht dabei nicht um das »Psychologisieren« der Kommunikation, es geht vielmehr darum, Gefühle und die dahinterliegenden Bedürfnisse des Anderen im Alltag zu sehen und zu verstehen.

Merke: Verstehen heißt nicht zwangsläufig, dass ich der Handlung zustimme oder die Forderung erfülle!

Exkurs (soziale Wahrnehmung)

Eine Geschichte: Die Blinden und der Elefant

(Quelle: Lichtkreis.at o.J.)

Es waren einmal fünf Gelehrte. Sie alle waren blind. Diese Gelehrten wurden von ihrem König auf eine Reise geschickt, um herauszufinden, was ein Elefant ist. Und so machten sich die Blinden auf die Reise nach Indien. Dort wurden sie von Helfern zu einem Elefanten geführt. Die fünf Gelehrten standen nun um das Tier herum und versuchten, sich durch Ertasten ein Bild von dem Elefanten zu machen.

Als sie zurück zu ihrem König kamen, sollten sie ihm über den Elefanten berichten. Der erste Weise hatte am Kopf des Tieres gestanden und den Rüssel des Elefanten betastet. Er sprach: »Ein Elefant ist wie ein langer Arm.«

Der zweite Gelehrte hatte das Ohr des Elefanten ertastet und sprach: »Nein, ein Elefant ist vielmehr wie ein großer Fächer.«

Der dritte Gelehrte sprach: »Aber nein, ein Elefant ist wie eine dicke Säule.« Er hatte ein Bein des Elefanten berührt.

Der vierte Weise sagte: »Also ich finde, ein Elefant ist wie eine kleine Strippe mit ein paar Haaren am Ende«, denn er hatte nur den Schwanz des Elefanten ertastet.

Und der fünfte Weise berichtete seinem König: »Also ich sage, ein Elefant ist wie eine riesige Masse, mit Rundungen und ein paar Borsten darauf.« Dieser Gelehrte hatte den Rumpf des Tieres berührt.

Nach diesen widersprüchlichen Äußerungen fürchteten die Gelehrten den Zorn des Königs, konnten sie sich doch nicht darauf einigen, was ein Elefant wirklich ist. Doch der König lächelte weise: »Ich danke Euch, denn ich weiß nun, was ein Elefant ist: Ein Elefant ist ein Tier mit einem Rüssel, der wie ein langer Arm ist, mit Ohren, die wie Fächer sind, mit Beinen, die wie starke Säulen sind, mit einem Schwanz, der einer kleinen Strippe mit ein paar Haaren daran gleicht, und mit einem Rumpf, der wie eine große Masse mit Rundungen und ein paar Borsten ist.«

Die Gelehrten senkten beschämt ihren Kopf, als sie erkannten, dass jeder von ihnen nur einen Teil des Elefanten ertastet hatte und sie sich jeweils zu schnell damit zufriedengegeben hatten.

Die Interpretation des Königs lässt sich unter dem Aspekt des Konfliktcoachings so zusammenfassen: »Jeder ist nur im Besitz eines Teils der Wahrheit.« Es geht um das Zusammenfügen der unterschiedlichen Sichtweisen.

Auswertungsfrage an das Plenum:

Was ist euer Fazit aus der Geschichte, bezogen auf die Aufgabe des Coachs im Konfliktcoaching?

Verbindende Sprache – Selbstempathie und Empathie

Was passiert bei:

Selbstempathie	Empathie
• Wie geht es mir jetzt?	Wie geht es dir jetzt?
• Was brauche ich jetzt?	Was brauchst du jetzt?
• Was möchte ich, das jetzt geschieht?	Was möchtest du, das jetzt geschieht?

Harvard-Konzept: der Unterschied zwischen Kompromiss und Win-Win-Situation. Wie komme ich zu einer Lösung, bei der alle Konfliktparteien das Gefühl haben, etwas gewonnen zu haben (Win-Win-Situation)? Im Unterschied dazu gibt es den Kompromiss, da hat häufiger eine Konfliktpartei das Gefühl, etwas mehr verloren zu haben (vgl. Fisher u. a. 2013).

Übung aus der Achtsamkeitslehre

Dyadische Übung – Jeder in jeder Rolle

1. Runde

A = Erzählt 2 Minuten über ein Ereignis bzw. Erlebnis und bewertet bewusst stark in eurer Geschichte.
B = Hört ohne Rückfragen nur zu.

2. Runde

A = Erzählt 2 Minuten lang die gleiche Geschichte möglichst ohne Bewertungen und beschreibt darin ausschließlich die faktischen Details.
B = Hört wieder nur zu.

Rollen- und Aufgabenwechsel!

Danach erfolgt die Auswertung im Paar:

- Was ist passiert?
- Wie hast du dich erlebt?

Die Übung bezieht sich auf den Text »Verbindende Sprache« (vgl. Kabat-Zinn 2013) Gefühle werden beim Erzähler sichtbar. Der Coach hat die Aufgabe, die nicht erfüllten Bedürfnisse dem Erzähler sichtbar zu machen.

Beispiel

Erzähler: »Der Andere ist rücksichtslos.«
Coach: »Du brauchst also mehr Rücksichtnahme?«

Merke:

- Bewertungen können auch unbewusste Versuche sein, Koalitionen zu bilden, um damit Unterstützung zu finden. Dies kann beim Coach zu eigenen Bewertungen führen, diese unterstützen jedoch den Klienten in seiner Konfliktbearbeitung nicht.
- Es besteht auch die Gefahr einer Übertragung oder Gegenübertragung, wenn einem das Problem persönlich bekannt ist. »Das Problem kenne ich, das habe ich auch.«

Ziel des Konfliktcoachings ist Allparteilichkeit, nicht Neutralität!

Allparteilichkeit:

Der Begriff der Allparteilichkeit stammt aus der Familientherapie und beschreibt die Fähigkeit, für alle im Beratungsprozess eingebundenen Personen gleichermaßen Partei zu ergreifen. Zu Beratende mit kontroversen Positionen können so in der Beratung die Erfahrung machen, auf ein generelles Verständnis zu stoßen. (Quelle: Spektrum.de: Allparteilichkeit o.J.)

Neutralität:

Eng verwandt mit dem Begriff der Allparteilichkeit ist das Konzept der Neutralität. Letzteres ist im Vergleich viel leichter umzusetzen. Der Berater darf dabei weder durch Sprache noch durch Körpersignale einem der Anwesenden den Eindruck vermitteln, er würde diesen in seiner Position unterstützen. »Wenn den Teilnehmern einer systemischen Beratung hinter-

her unklar ist, auf wessen Seite der Berater mehr gestanden hat, welche der vertretenden Ideen er favorisiert und wie er zum Problem steht – dann war der Berater neutral.« (Schlippe/ Schweitzer 2012)

Eine eigene Meinung darf dabei durchaus vertreten werden, solange der Berater deutlich macht, dass diese Meinung für die Klienten möglicherweise überhaupt nicht passt.

Übung zur Selbstreflexion im Rahmen eines Paarinterviews

1. Einstieg über die kurze Schilderung (5 Minuten) eines oder mehrerer Konflikte.

2. Danach strukturiertes Interview über die folgenden Fragen:
*   Wie erlebst du dich selbst in Konflikten?
*   Wie erlebst du die anderen in Konflikten?
*   Welche Gedanken melden sich jetzt bei dir?
*   Welche Gedanken hast du allgemein zu Konflikten?
*   Welche Gefühle, Bedürfnisse und Werte haben dabei für dich eine besondere Wichtigkeit?
*   Was von dem, was du erlebst, hilft dir?
*   Was von dem, was du erlebst, hilft dir nicht?

3. Der Interviewer schreibt die Antworten für den Interviewten mit.

Gedanken zum Konfliktbegriff

Im Konfliktfall zeigen wir ein bestimmtes, automatisiertes Verhalten, welches sich aus unserer Sozialisation im Umgang mit Konflikten entwickelt hat (Bedenken, Beziehungen, Vorbilder, was ist richtig, was falsch). Wir zeigen z. B. leicht beobachtbare Abwehrstrategien oder projizieren unsere Themen auf andere. Diese Automatismen spielen in jedem Konflikt eine Rolle und wir können unseren Konfliktpartner dann nur durch unseren eigenen engen Wahrnehmungsfilter hören und erleben. Konfliktklärung bedeutet, die ganze Situation zu erfassen und »auf den Tisch« zu bringen. Emotionen sind intelligent und dienen als Motor für die Weiterentwicklung (vgl. Glasl 2013).

Übung zur Selbstreflexion:
1. Was bedeutet das Wort Konflikt für dich?
2. Wann nennst du »etwas« einen Konflikt?
3. Wann nennen andere »es« einen Konflikt?
4. Wann entscheidest du, es anderen als Konflikt zu benennen?

Konfliktbegriff (allgemein):

Ein sozialer Konflikt ist eine Interaktion (ein aufeinander bezogenes Kommunizieren oder Handeln) zwischen Akteuren (Individuen, Gruppen, Organisationen ...), wobei wenigstens ein Akteur Unvereinbarkeiten im Denken/Vorstellen/Wahrnehmen und/oder Fühlen und/oder Wollen mit dem anderen Akteur (anderen Akteuren) in der Art erlebt, dass im Realisieren eine Beeinträchtigung durch einen anderen Akteur (die anderen Akteuren) erfolgt (vgl. Glasl 2013).

»Nur solche Interaktionssituationen, in denen die vorher genannten Merkmale insgesamt gegeben sind, bezeichnen wir als Konflikte!« (Glasl 2013)

Nun gibt es Fälle, in denen nur Teilbereiche dieser Anforderung erfüllt sind:
• Unvereinbarkeiten nur im kognitiven Bereich
• Unvereinbarkeiten nur im Fühlen
• Unvereinbarkeiten im Wollen
• Unvereinbares Verhalten stößt aufeinander

Exkurs:

»Empathie-Not« = wenn ich persönlich emotional stark betroffen bin.
- **Die Wahrnehmung folgt der Aufmerksamkeit. Meine Sehnsucht führt mich zu meinen Deutungen und Wertungen. Die Weisheit der Unterscheidung, was beobachte ich tatsächlich und was ist meine Deutung und/oder Wertung, geht verloren.**
- **Meine Interpretation entspricht nicht immer genau dem, was tatsächlich passiert ist. Wenn ich jedoch meiner Sehnsucht folge und auf meine Bedürfnisse höre, kann ich sie aussprechen.**

»In jedem Menschen ist ein göttlicher Funke und der ist unzerstörbar!« (Jehuda Bacon, Auschwitzüberlebender):

Jehuda Bacon hat dann erzählt von seinen Erlebnissen, die er in Auschwitz hatte. Bevor er nach Auschwitz deportiert wurde und dort vergast wurde, hat ihm ein Lehrer, Jacob Wurzel, gesagt: »Denkt an eines, Kinder, in jedem Menschen ist ein göttlicher Funke und dieser Funke ist unzerstörbar.« Und dann hat Jehuda Bacon einem Schriftsteller für dessen Buch gesagt, dass er daran immer gedacht hat, dass er immer gedacht hat: »Die SS kann mich zu Asche machen, kann mich vernichten. Aber diesen Funken können sie nicht zerstören.« Das, was mich unglaublich berührt hat, ist, dass er diesen Funken dann aber auch, wenn es heißt »in jedem Menschen«, in den SS-Leuten gesehen hat.

Ein SS-Mann, erzählt er, habe Leute brutal geschlagen, so brutal, dass sie fast tot waren – oder vielleicht wirklich tot waren. Und eines Tages hat er zehn Jungs antreten lassen. Und dann hat er sie marschieren lassen in einen Raum, in dem stand ein Tisch und auf dem Tisch lag eine Salami. Und dann hat er diese Salami in zehn Teile geteilt und hat gesagt: »Esst.« Und dann hat er gesagt: »Haut ab.« Mehr nicht. Und dann sagt Jehuda Bacon mit einem Lächeln: »Sehen Sie, auch in diesen Menschen ist dieser Funke Gottes.«

Übung mit den vier Arten zu hören

Jeder Teilnehmer erhält hat **eine** Karte, auf der steht:
- Gegenvorwurf
- Selbstvorwurf
- Selbstempathie
- Empathie

Ablauf:
- Jeder Teilnehmer überlegt sich einen konkreten Vorwurf (z. B.: »Du hörst mir einfach nicht zu.«). Diesen Vorwurf formuliert er immer wieder gegenüber wechselnden Protagonisten, die sich frei im Plenum bewegen.
- Auf ein Signal hin kommen immer 2 Teilnehmer als Paar zusammen, jeder in jeder Rolle. Beispiel: A: »Du hörst mir einfach nicht zu.« B reagiert z. B. mit einem Gegenvorwurf: »Du wiederholst dich auch dauernd.« Dann formuliert B seinen Vorwurf: »…«, und A reagiert laut seiner Karte z. B. mit Selbstempathie: »…«.
- Danach tauschen beide ihre Handlungskarte aus und bilden auf ein Signal hin ein neues Paar, der Vorwurfssatz bleibt dabei gleich: »…« Die Reaktion auf den Vorwurf von B wird durch die neue Handlungskarte mit der Aufschrift »…« anders sein. Die Teilnehmer reagieren immer im Sinne der neuen Handlungskarte.
- Jeder kommt mit jedem in Kontakt, jeder hört verschiedene (klassische) Vorwürfe, die er aus dem Alltag kennt. Am Ende der Runde hat jeder die unterschiedlichen Formen der Reaktion auf seinen Vorwurf erfahren und gleichzeitig hat »jeder« selbst alle Formen der Reaktion auf einen Vorwurf ausprobiert.

Im Anschluss folgt die Auswertung im Plenum anhand folgender Fragen:
- Welche Reaktionen (im Sinne der Handlungskarte) sind mir leichtgefallen?
- Welche Reaktionen (im Sinne der Handlungskarte) haben mich gefordert?
- Welche Reaktion hat mich zur Konfliktklärung eingeladen? Was waren die Auslöser dafür?
- Welche Reaktion hat den Konflikt verschärft? Was waren die Auslöser dafür?
- Welche Reaktion hat mich nicht weitergebracht? Was waren die Auslöser dafür?

Vorsicht: Im Alltag kann das, was hier als Übung positiv erlebt wird, von den betroffenen Protagonisten (Partnern) als grenzüberschreitend gesehen werden. Hilfreich dabei sind (auf den Vorwurf bezogene) Zwischenfragen vor der Reaktion im Sinne einer der vier Handlungsoptionen.

- »Willst du von mir etwas dazu hören?«
- »Soll ich dir jetzt einfach nur zuhören oder willst du auch wissen, was gerade bei mir passiert?«

Vorsicht, dass die Reaktion im Sinne der Handlungsoptionen auf andere nicht wie eine trainierte Technik wirkt. Der Konfliktpartner erlebt sich dann als »Versuchsobjekt«. Beispiel für eine Frage auf Augenhöhe: »Darf ich bitte mal etwas in unserer Kommunikation probieren, ohne dass du das Gefühl hast, das wir die Augenhöhe verlieren?«.

Unterschiede in der Reaktion auf Empathie und Selbstempathie

Wert(-Urteile) in der Selbstempathie:

Der Fokus ist darauf gerichtet, was mir wichtig ist.
- Was brauche ich?

Dies führt zu eigenen Aktivitäten, um Bedürfnisse sicherzustellen.

Moralische (Vor-)Urteile:

Der Fokus ist darauf gerichtet, wie oder was der Andere ist aufgrund der Handlung des Anderen (was er tat oder sagte). Dies löst das Gefühl der Rechtfertigung beim Anderen aus. Empathie oder Selbstempathie werden dadurch erschwert.

Wichtig ist, das ICH vom DU zu trennen, das ist die Herausforderung bei Selbstempathie und Empathie. Verwischen das ICH und das DU, kann man nicht mehr von Selbstempathie und Empathie sprechen.

Beispiel

Positiv: Ich bin wütend.

Negativ: Du machst mich wütend!

ICH:
- Beobachtung
- Gefühl
- Bedürfnis
- Bitte

Selbstempathie: »Was möchte ich, das jetzt passiert?«

DU:

Beobachtung
- Gefühl
- Bedürfnis
- Bitte

Empathie: »Was möchtest du, das jetzt passiert?«

Übung zu den Prozessschritten im Konfliktcoaching auf Basis der GFK

Wolfsshow:

Beobachtung (ohne Interpretationen):

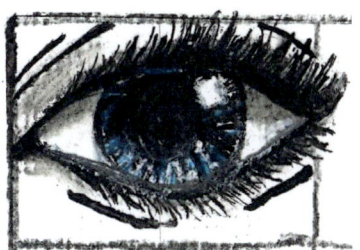

Gefühle:

fröhlich glücklich erfreut lustig

ängstlich unsicher nutzlos besorgt

traurig enttäuscht verzweifelt unglücklich

wütend böse hinterlistig schadenfroh rachelustig

Bedürfnisse:

Erholung
Spass

Feiern

Selbsterhaltung
o.
physische Existenz

Autonomie
Integrität

Kontakt, Zugehörig-
keit, Geborgenheit

Sicherheit

Würde und
Sinn

Spiritualität

Empathie

Bitte:

Ablauf der Übung:

Person A formuliert einen aktuellen Konflikt. Sie versucht nach der »Wolfsshow« im Prozessablauf in der »Giraffensprache« zu bleiben.

Der Coach begleitet Person A durch den Prozess, führt ggf. in die Wolfsshow zurück, falls Person A die Giraffensprache verlässt. Ferner unterstützt der Coach die einzelnen Prozessschritte durch gezielte Impulse (z. B. Fragen nach somatischer Wahrnehmung, nach den konkreten Gefühlen oder den nicht erfüllten Bedürfnissen). Ferner kann er die eine Anregung für den nächsten Prozessschritt formulieren, ebenso kann dies Person A selbst.

1. Person A entscheidet sich für die Variante Selbstempathie (ICH-Form) oder Empathie (DU-Form).
2. Person B simuliert den Konfliktpartner, der nicht zwangsläufig in der Giraffensprache bleiben muss. Sollte Person B das Gefühl verspüren, in die Wolfssprache wechseln zu wollen, dann folgt sie diesem Gefühl.
3. Die Beobachtenden geben im Anschluss Feedback.

Feedback-Reihenfolge: Person A, Person B, Coach, Beobachtende.

Auswertung der Übung:

Pacing beschreibt im Neurolinguistischen Programmieren das Einstellen auf den Partner, indem man sich ihm auf natürliche Weise angleicht und in der Kommunikation »abholt«; es ist die notwendige Voraussetzung für Leading. Beim *Pacing des Verhaltens* kann man die Haltung, Gestik und Mimik, das persönliche Tempo, die Bewegungsrhythmik und das Atemtempo des Partners übernehmen. Solche Angleichungsprozesse erfolgen bei gelungener Kommunikation völlig spontan und sind bei Gesprächen leicht zu beobachten. *Pacing im Sprachverhalten* findet z. B. im »aktiven Zuhören« beim *Paraphrasieren* statt. Das *Pacing der inneren Verarbeitung* berücksichtigt, ob der Partner gerade visuell, auditiv oder kinästhetisch »denkt«, und trägt dem durch eine entsprechende Aufbereitung der Information Rechnung. *Pacing auf der Ebene der Glaubenssätze und Werte* richtet sich u. a. nach den Zielen und Erwartungen des Partners.

Pacing auf der Ebene der *Identität* nimmt das Selbstbild des Partners ernst und geht darauf ein. Während Pacing bei alltäglichen Kommunikationsprozessen quasi automatisch erfolgt und zu deren Gelingen beiträgt, ist in der professionellen Kommunikation das Pacing eine grundsätzliche Aufgabe des Beraters, Coaches oder Therapeuten, um den Kontakt zum Klienten bzw. Patienten aufzubauen und sicherzustellen (vgl. Spektrum.de: Pacing o.J.).

In diesem Punkt entspricht Pacing inhaltlich dem *Einfühlungskonzept (einfühlendes Verstehen)* von Carl Rogers (vgl. Rogers 2002):
* Die Deutungshoheit von Gefühlen und Bedürfnissen liegt beim Klienten.
* Vorsicht vor möglichen Übertragungen und Projektionen.
* Die Gefühle können sich im Prozess verändern.
* Die Bedürfnisse sind für den Klienten im Prozess nicht immer greifbar, ggf. kann der Coach Angebote machen, die Deutungshoheit bleibt jedoch beim Klienten.
* Am Ende steht die Bitte, diese auch ggf. zwischendurch einsetzen.
* Bitte zur Beziehungspflege/zum Verstehen:
* Was ist bei dir angekommen?
* Wie geht es dir mit dem, was ich gesagt habe?
* Bitte zur gemeinsamen Lösungssuche (der Prozess muss nicht immer mit der »Lösungsbitte« enden).

»Don't work harder than the client! « (Shazer/Dolan 2016)

Übung zur Schärfung der Wahrnehmung (Teilgruppe)

Der Coachee denkt an zwei Personen:
- an eine sehr angenehme Person und
- an eine sehr unangenehme Person.

Der Coach stellt mindestens fünf Fragen:
- Welche der beiden Personen ist größer?
- Welche der beiden Personen lacht häufiger?
- Welche der beiden Personen ist attraktiver/hübscher?
- Welche der beiden Personen redet mehr?
- Welche der beiden Personen triffst du häufiger?

Im Anschluss rät die Gruppe, welche Aussage auf Person 1 oder 2 zutrifft.

Auswertung
Die Unterschiede durch die Teilnehmer der Gruppe wahrnehmen, benennen und begründen lassen.

Hinweis: Nicht zwangsläufig das Verhalten interpretieren!

Übung mit dem »roten Tuch«

»Tanz auf dem Vulkan« (klassische Beschreibung der Übung mit dem »roten Tuch«)

Konflikte erzeugen starke Gefühle, die oft wie Vulkanexplosionen eskalieren. Diese Energien bieten die Chance, in echten Kontakt mit den Medianten zu kommen. Wertschätzendes, allparteiliches und nichtbewertendes Zuhören bewirkt dabei, dass sich der »Vulkan« leeren kann und die »Lava« ihre bedrohliche Wirkung verliert. Mit Hilfe des Symbols »rotes Tuch« lernen die Teilnehmenden, starke Gefühle sicher und entspannt aufzunehmen und sie als förderliche Impulse für den Konfliktklärungsprozess zu nutzen.

Welchen Beitrag kann Gewaltfreie Kommunikation für den Umgang mit starken Gefühlen bei Konfliktklärungen leisten? Das Kommunikationsmodell von Marshall B. Rosenberg wird sehr unterschiedlich verstanden. Ich beschäftige mich intensiv mit den »kantigeren« Seiten der GFK, z. B. mit den Themen Wut, Grenzsetzung, Nein-Sagen und der beschützenden Anwendung von Macht. Ich lege nicht mehr so viel Wert auf eine vermeintlich »richtige Formulierungsweise« der vier Schritte der GFK, sondern auf die 80% unbewusste Kommunikation. Diese gelingt vor allem durch die eigene innere Haltung und die daraus resultierende Körpersprache – alles Botschaften, die eben nicht sprachlich zwischen Menschen hin und her gehen. Es geht um die natürliche Übereinstimmung von Haltung, Körper und Sprache, eben um einen echten Kontakt. Seit vielen Jahren erlebe ich in der Supervision bzw. Mediation von Gruppen und Teams, wie uns (als Gruppe) vor allem die Haltung der GFK dabei unterstützt, Ärger, Wut, Enttäuschung und Aggression »willkommen zu heißen«. Sie vermittelt uns auch Sicherheit und konkretes Handwerkszeug, um Angst auslösende Gefühlsausbrüche aufzunehmen und die dahinterliegenden Anliegen wertzuschätzen, ohne ungebetene Ratschläge zu erteilen sowie das Gesagte zu bewerten oder uns auf andere Weise mit den Konfliktparteien zu verstricken.

Das Training mit dem »roten Tuch«

Statt die Streitparteien direkt in ruhigeres und sachlicheres Fahrwasser zu lotsen, ermutige ich sie, die »Lava« herauszulassen. Im Training breite ich ein »rotes Tuch« auf dem Fußboden aus, dann stellen sich immer zwei Personen gegenüber. Person 1 spielt die Streitpartei, die im Konflikt »explodiert«. Sie stellt sich symbolisch auf das ca. ein Meter lange »rote Tuch«. Die ihr gegenüberstehende zweite Person geht in die Rolle des zuhörenden Konfliktklärers bzw. Mediators. Die zuhörende Person nimmt die Botschaft (Schuldzuweisung, Vorwurf, Anklage) aktiv auf, lässt nichts weg und verharmlost nicht. Sie spiegelt das Gesagte mit ihren Formulierungen, zeigt aber auch mit Körpersprache, Bewegung, Mimik und Nachdruck, dass sie wirklich verstanden hat, welche Wucht und Not sich hinter der »Lava« verbirgt. Sie wertschätzt die ungeheure Lebensenergie, die hinter der Wut und Eskalation, ja selbst in Sarkasmus, Bitterkeit und Beschimpfungen verborgen liegt. Paradoxerweise bewirkt gerade dieses »Willkommenheißen« der »Lava«, dass die Beteiligten die Situation zunehmend als weniger bedrohlich empfinden. Die Aufgabe der Streitpartei ist es, jedes Mal, wenn sie sich verstanden und gewertschätzt fühlt, ein kleines Stückchen vom »roten Tuch« herunterzutreten. Sie zeigt damit symbolisch, wie weit ihre »Lava« aus dem »Konfliktvulkan« herausgeflossen ist.

Starke Gefühle in der Mediation

Gerade im Rahmen einer Mediation betrachten wir Angriffe nicht als Störungen. Aggressionen und laute gegenseitige Schuldzuweisungen stellen in der Mediation sozusagen »Goldbarren in hässlicher Verpackung« dar, die einen wesentlichen Beitrag zur Konflikterhellung und zur Konfliktlösung leisten können. Sie werden auf einem »unsichtbaren Laufband« unablässig geliefert. Es ist Aufgabe des Mediators bzw. des Mediationsteams, dieses »Gold« vom Band zu nehmen und wertzuschätzen. Anschließend kann es mit Hilfe der Konfliktparteien ausgepackt werden. Herr Schneider schreit z. B.: »Hier im Team gucken ja alle nur aus dem Fenster, statt zu arbeiten!« Die »hässliche Verpackung« zeigt sich hier als schuldzuweisender Vorwurf; das »Gold« sind die Gefühle hinter dem Vorwurf, z. B. Wut und Resignation, und die unerfüllten Bedürfnisse (z. B. Unterstützung und Gleichbehandlung). Um starke Gefühle und Not leidende

Bedürfnisse im richtigen Moment anzusprechen, braucht der Mediator bzw. das Mediationsteam intensives Training. Die Übungen mit dem »roten Tuch« verfolgen das Ziel, den Mediator auch für die nicht planbare, prozesshafte Eskalationsphase (innerhalb der Darstellung und Erhellung des Konflikts) fit zu machen.

Das »rote Tuch« im Konfliktcoaching

Für die Arbeit in Konfliktcoachings stelle ich zunächst häufig gehörte Sätze aus Konfliktkontexten zur Verfügung. Die Sätze werden von der Person, die auf dem »roten Tuch« steht, mit starker Körpersprache (Schreien, Fuchteln mit den Armen, nach vorne beugen) ausgedrückt. Diese Person denkt sich zu jedem Satz einen Zusammenhang aus, damit sie den Andeutungen immer wieder etwas hinzufügen kann. Anfangssätze für die Übung können z. B. lauten:

- (schreit:) »Scheiße, es reicht mir!«
- (fuchtelt mit den Armen und schüttelt heftig den Kopf:) »Das ist doch totaler Blödsinn!«
- (zeigt mit dem Finger und steht auf:) »Macht nur so weiter, aber ohne mich, ich gehe!«

Das Übungsverfahren folgt dem Ablauf: Sehen, dann erst leichter Schmerz, dann Wut.

Person 1 spricht eine Klage oder einen Vorwurf aus.
Person 2 hört aktiv zu und spiegelt wider, was sie wahrnimmt und versteht.

Entscheidend für den Erfolg dieser Übung ist, dass die zuhörende Person die Gefühle der sprechenden Person auf dem Erregungslevel spiegelt, auf dem sich die Person wirklich befindet. Mit einer Person, die schreit und mit den Augen rollt, kommt man unmöglich in Kontakt mit verschränkten Armen und einem gemurmelten Satz wie: »Sie fühlen sich unwohl und würden gerne ein Stück weit gewertschätzt werden?« Im Gegenteil: Die hauptsächliche Wahrnehmung im Konflikt läuft hier über die Körpersprache und die Stimme! Weil bei der Übung mit dem »roten Tuch« in Gestalt einer Person alle Übenden stehen statt sitzen, können die Teilnehmenden beweglich ausprobieren, wie erleichternd es auf hochgradig erregte Menschen wirkt, wenn man ihre Gefühle mit angemessener Geste und Stimme spiegelt. Nach einer Übung höre ich in Feedbackrunden immer wieder, dass die aufgeregte Streitpartei (Person 1) in ihrer Erregung die einzelnen Sätze des Konfliktcoaches bzw. Mediators gar nicht wörtlich hören konnte, sondern »gefühlt« hat, dass die zuhörende Person »irgendwie verstanden« hat.

Aufnahme starker Gefühle vor Sach- und Bedürfnisklärung!

Der Konfliktcoach bzw. Mediator geht unter Verzicht auf zusätzliche Sachfragen (!) zunächst auf die Gefühle ein, z. B. mit einer heftigen Armgeste: »Sie sind richtig sauer? Ist das so?« Möglicherweise wird darauf eine Korrektur durch die angesprochene Person vorgenommen: »Nein, ich bin nicht sauer, sondern resigniert.« Oder die Streitpartei antwortet: »DAS kann man wohl LAUT sagen!!!« Der zuhörende Konfliktcoach bzw. Mediator spiegelt dann zusammen mit einer fragenden Geste: »Sie sind wirklich wütend!«, und folgt den weiter wahrgenommenen »Lavaschüben«, bis ihm Person 1 mit dem stückweisen Heruntergehen vom roten Lavatuch deutlich zu erkennen gibt, dass sie sich jetzt als vollständig gehört erlebt. Der Verständigungsprozess kann über diverse Umwege führen und eine ganze Weile dauern. Auf Resignation folgt vielleicht erst Schmerz, dann Wut, bis sich zuletzt Kraft entfaltet. Korrekturen von Seiten der Streitpartei sind ausdrücklich erwünscht, z. B. indem die Konfliktpartei erregt sagt: »Mir gehts nicht um Wertschätzung, sondern um OFFENHEIT!!« Die zuhörende Person folgt dabei mit lebendiger Präsenz den Pfaden der sprechenden Konfliktpartei. Je konsequenter sie auf Bewertungen und Lösungsvorschläge verzichtet, desto gründlicher erarbeitet sie das Ergebnis. **Verstehen heißt nicht, einverstanden zu sein!** Diese Erkenntnis erleichtert es ihr, Empathie zu spenden, wenn sie inhaltlich anderer Meinung ist als die Streitpartei (vgl. Oboth/Seils 2005; Weckert/Oboth 2012).

Das »rote Tuch« für Führungskräfte

Häufig wird eingewendet, dass Gefühle in Managementkontexten nichts zu suchen hätten. Dieser Einwand widerspricht nicht nur Erkenntnissen der modernen Gehirnforschung, sondern vor allem den Erfahrungen aus dem Konfliktcoaching bzw. der Mediationspraxis in höheren Unternehmensetagen. Auch hier äußern Konfliktparteien heftige Angriffe und Schuldzuweisungen und heben oder senken dabei deutlich die Stimme. Auch hier hilft es, Gefühle zu benennen, um den »Vulkan« zu leeren und letztlich über das Herausarbeiten der Anliegen zu sachlichen Lösungen zu kommen. Darüber hinaus betonen Führungskräfte, dass der Umgang mit starken Gefühlen zu den schwierigsten Aufgaben ihres Arbeitsalltags gehöre. Mit großer Aufmerksamkeit und vollem Engagement widmen sie sich den Übungen mit dem »roten Tuch«, die sich mit realen Situationen aus ihrem eigenen Berufsalltag beschäftigen. Weil in Rollenspielen bei der zuhörenden Person viele innere Fragen aufgewühlt werden, erhalten diese von der spielenden Streitpartei auf Wunsch ein sofortiges Feedback. Der/die Trainer/-in bzw. das Trainerteam sichert dabei den »geschützten Rahmen« für diese Rückmeldungen, insbesondere, wenn bei den Rollenspielenden unangenehme Erinnerungen hochkommen oder Unsicherheit über die eigene Führungsstärke ausbricht.

Mit dem »roten Tuch« von den Gefühlen zu den Bedürfnissen

Das Erfassen und Verstehen von Gefühlen und darunterliegenden unerfüllten Bedürfnissen ist der Wendepunkt innerhalb eines Konfliktcoachings bzw. einer Mediation sowie bei Konfliktklärungen im beruflichen und privaten Umfeld. Wenn die Streitpartei ihre »Ärgerlava« herauslassen konnte und, selbst bei »hässlichen« Formulierungen, eine Wertschätzung ihrer Person erlebt, äußert sie erfahrungsgemäß automatisch – direkt oder indirekt – aktuell unerfüllte Bedürfnisse, z. B.: »Es hätte ja auch jemand mal erwähnen können, was ich an Zeit und Kraft investiert habe!« (Bedürfnis nach Anerkennung/Wertschätzung/Gesehenwerden), oder: »Ich brauche endlich Ruhe beim Arbeiten«.

Herausarbeiten, worum es eigentlich geht

Oft gilt es, hinter negativen Formulierungen der Konfliktpartei unter Verwendung der Wörter »nicht«, »niemand«, »nie« und »kein« das aktuell unerfüllte Bedürfnis zu erahnen und als Satz anzubieten. Streitpartei: »Ich schaff' die Mehrarbeit einfach nicht mehr!« Konfliktcoach bzw. Mediator: »Ihnen geht es um Entlastung … Unterstützung?« Streitpartei korrigiert (nimmt den Bedürfnisfaden gleichzeitig auf): »Nein, nicht um Unterstützung, sondern um Gleichbehandlung! Einfach eine gerechte Verteilung im Team!« Mit dem »roten Tuch« lässt sich das schnelle Erfassen und Benennen von Bedürfnissen hinter Klagen und Vorwürfen wirkungsvoll trainieren.

Wie sich mit dem »roten Tuch« persönliche Horrorsituationen bearbeiten lassen

Gelegentlich erleben Konfliktcoaches und -mediatoren bei der Konfliktklärung, dass Teilnehmende Widerstände gegen sie oder ihre Methoden artikulieren. Diese Einwände werden mal mehr, mal weniger diplomatisch geäußert:

*   »Also echt! – Nicht wieder Kleingruppenarbeit! Wir sollten im Plenum weiterdiskutieren, anstatt in kleineren Gruppen Zeit zu verschwenden!«
*   »Aufstehen und auf eine Linie im Raum stellen? – Also bitte kein Ringelpiez mit Anfassen hier!«

Das produktive Aufnehmen solcher Widerstände lässt sich mit dem »roten Tuch« wunderbar üben. Die Teilnehmenden können sich das Vorspielen ihrer persönlichen Horrorszenarien wünschen (sehr beliebt z. B.: »Sie meditieren völlig unprofessionell!«) und werden bei der Entwicklung zu Souveränität und Entspannung begleitet (vgl. Oboth 2005; Weckert/Oboth 2012).

Schluss mit der Gewalt gegen sich selbst!

Das **größte Missverständnis in Bezug auf Gewaltfreie Kommunikation** ist aus meiner Sicht die Annahme, dass Empathie für den »Vulkan« des Anderen in jeder Situation Priorität besäße. Wir haben heftige Erfahrungen damit gemacht, wenn wir in übergriffigen Situationen gegen uns selbst weiter Fremdempathie leisteten, während wir eigentlich all unsere derzeitige Energie zu unserem eigenen Schutz benötigten. Nach dem Motto: Ich liege am Boden, werde »blutig getreten« und versuche in dieser Situation auch noch, der anderen Person Empathie zu geben, statt für meine Grundbedürfnisse zu sorgen und mich in Sicherheit zu bringen! Wir plädieren dafür, dass für wahr und ernst zu nehmen, was wir individuell im speziellen Kontext und brandaktuell fühlen und brauchen, statt mühsam eine Fassade aufrechtzuerhalten, die zeigt, wie wir nach einer bestimmten »Lehre« gerne fühlen und reagieren würden, um »gute GFKler« zu sein! Die Fassade entfremdet von der eigenen Lebendigkeit und pervertiert damit die Ermutigung der GFK, echt zu sein! GFK ist nicht nett, sondern eine der vielen Chancen, aufrichtige Verbindung zu schaffen!

Das »rote Tuch« als Sensibilisierung für die eigenen Grenzen und Bedürfnisse

Eine empathische Reaktion gegenüber starken Vulkanausbrüchen – Angriffen und Schuldzuweisungen – setzt also immer einen eigenen gefüllten »Empathie-Akku« voraus! Fühlen wir uns ausgelaugt, schwach oder hilflos, hat der Selbstschutz Vorrang vor der Fremdempathie, auch wenn wir mediieren. Auch Konfliktcoaches bzw. -mediatoren können »Stopp!« sagen. Konfliktklärung auf Kosten des eigenen Systems ist ein Nullsummenspiel (einer gewinnt, einer verliert), das die Empathie gebende Person teuer bezahlt und das keinen Anreiz zu einer Wiederholung bietet. Es trägt nicht den Geist der Mediation in sich, der stets einen Gewinn aller Konfliktparteien anstrebt. Wer sich dessen bewusst ist und verantwortlich mit sich selbst umgeht, kann auf dem »roten Tuch« in vergleichsweise kurzer Zeit erleben und erlernen, wie wohltuend und effizient GFK im Umgang mit starken Gefühlen ist (vgl. Oboth 2005; Weckert/Oboth 2012).

Ausgangssituation

Der Protagonist steht im Zentrum eines Kreises (Orkan), Der Coach darf sich dabei von der Lautstärke der Übung nicht irritieren lassen. Der Protagonist soll durch diese Übung lernen, nur auf sein Herz zu hören und sich nicht auf die Wörter bzw. Handlungen der anderen Teilnehmenden zu fokussieren. So fällt es dem Protagonisten leichter, bei sich zu bleiben und mit Selbstempathie oder Empathie anstatt mit einem Gegenvorwurf zu reagieren.

Die Teilnehmer im Außenkreis (multiples Coaching) stellen Fragen nach den Gefühlen und Bedürfnissen. Ziel ist es, dass sich der Protagonist aus dem Zentrum in Richtung Rand bewegt. Er soll die Chance haben, emotional abzukühlen, indem er seine eigenen Gefühle und Bedürfnisse über die Fragen spürt.

Dadurch wird es dem Protagonisten möglich, mit dem Konfliktpartner wieder in einen positiven Kontakt zu kommen. Das ist die Voraussetzung dafür, dass Lösungen wieder möglich werden. Es geht jedoch nicht zwingend um die Lösung des Problems, wichtiger ist der positive Kontakt.

Mit den eigenen Gefühlen und Bedürfnissen in Kontakt zu kommen, ist die Voraussetzung dafür, dass ich hören kann, welche Gefühle und Bedürfnisse der Andere hat.

Empathie ist für uns die innere Haltung, »mit dem Herzen verstehen« zu wollen – Mitgefühl zu zeigen, sie erfolgt ohne festes Ziel und ergebnisoffen. Das erreichen wir durch ein Ergründen der Gefühle und Bedürfnisse, vor allem durch mitfühlendes Zuhören und indem wir wohlwollende Vermutungen anstellen. Beides kann auf den Gesprächspartner bezogen werden und auch auf einen selbst (Selbstempathie).

Selbstempathie als Teil der Selbstliebe, um die eigenen Gefühle und Bedürfnisse zu erkennen und für die eigenen Gedanken und Verhaltensweisen Mitgefühl und Verständnis zu entwickeln – auf dieser Basis wächst die Fähigkeit der Nächstenliebe, um die innere Kraft zu haben, anderen Menschen empathisch zu begegnen.

Empathie-Killer-Übung

Eine Kleingruppe mit 5 Teilnehmern bilden:

1 Teilnehmer spricht eine »Klage« aus: »Immer meckerst du an mir rum. Ich kann es dir nie recht machen.«

Die 4 anderen Teilnehmer antworten jeweils im Sinne ihrer Impulskarte:
- Antwort als »lange Geschichte, mühsam und ewig ausgeholt«.
- Antwort als »langes Ausfragen, alle möglichen W-Fragen stellen«.
- Antwort als »lange ausführliche und rationale Erklärung«.
- Antwort »in dem Sinne, tiefstes Mitleid und Bedauern auszudrücken«.

Vorsicht vor Empathie-Killern!

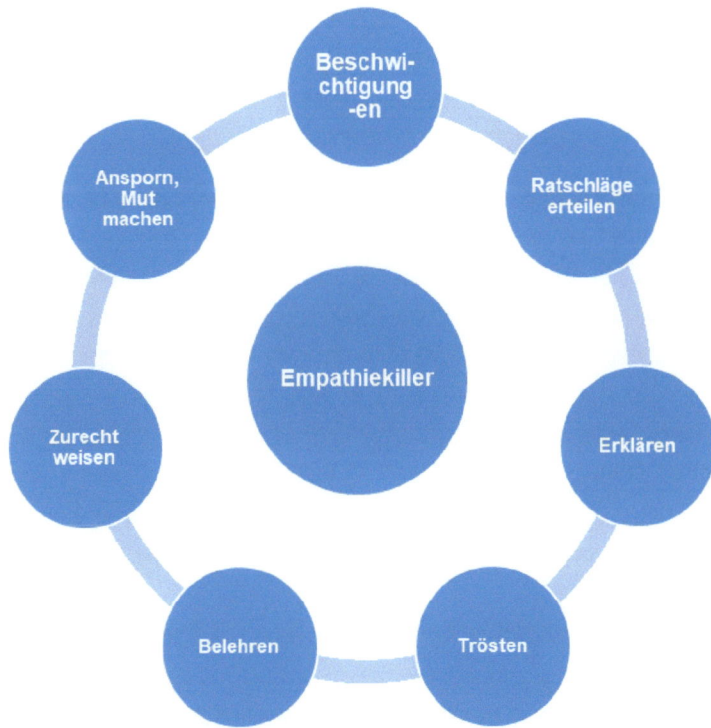

71

Exkurs Konfliktarten (nach Glasl 2013)

Intrapersoneller Konflikt:
- Konflikte der Person mit sich selbst
- entsteht durch Erwartungen an die eigene Person, z. B. bei der Entscheidungs-findung

Interpersoneller Konflikt:
- Konflikte zwischen 2 oder mehreren Personen
- z. B. innerhalb der Firma, Familie ...

Strukturelle Konflikte
- Konflikte zwischen dem Vertrieb und der Produktion
- Konflikte zwischen der Führungsebene und der Mitarbeiterebene

Definition des Konflikts

In der **Psychologie** bzw. in den Sozialwissenschaften allgemein spricht man dann von einem Konflikt, wenn zwei Interessen gegensätzlich oder unvereinbar sind. Ein Konflikt kann sich auf einzelne Personen beschränken (intrapersonell), aber auch mehrere Menschen (interpersonell) oder ganze Organisationssysteme (organisatorisch) umfassen. Konflikte sind Störungen, die den Handlungsablauf unterbrechen und belastend wirken. Konflikte haben die Tendenz zu **eskalieren**, d. h., sie weiten sich aus und nehmen an Intensität zu. Konflikte werden als Störung des »normalen« Lebens empfunden und halten von dem gewohnten Handlungsablauf ab.

Folgende Bedingungen müssen erfüllt sein, damit wir von einem Konflikt sprechen können:
- Es sind mindestens 2 Parteien beteiligt (beim intrapersonellen Konflikt ist es nur eine Person mit ihren Ambivalenzen).
- Es ist ein gemeinsames Konfliktfeld vorhanden (eine der häufigsten Varianten, den

Konflikt zu beenden, ist das Verlassen des Konfliktfeldes, z. B. durch das Vorschieben von Krankheit, (innere) Kündigung usw.).

- Es gibt unterschiedliche Handlungsabsichten.
- Es sind Gefühle vorhanden (hierbei spielen nur die negativen Gefühle Angst und Wut eine Rolle, sie dienen im Konflikt als Antriebselement).
- Es treten gegenseitige Beeinflussungsversuche auf (auch über Dritte, also indirekt).

Konflikte unterscheiden sich von Problemen vor allem dadurch, dass sich die Parteien in der Bewältigung der Situation uneins sind und dabei negative Gefühle entwickeln. Da die Gefühle einen starken Handlungsantrieb verursachen, ist die Aktionsbereitschaft in Konflikten sehr hoch. Pauschal kann man sagen: Je stärker die **Emotion**, desto höher die Handlungsbereitschaft. Ein starkes Gefühl hat außerdem die Nebenwirkung, dass es die kritische Urteilsbildung vermindert oder sogar vollständig unterdrückt.

Die Folge ist ein unreflektiertes Handeln, das im Nachhinein oft bereut wird.

Wichtig ist auch, sich zu fragen, ob man es mit **»schwelenden« Konflikten** zu tun hat, die sich unter der Oberfläche und oft nach ganz eigenen Regeln weiterverbreiten. Das Gegenstück ist der **»offene« Konflikt**, der im negativen Fall in einen hitzigen Kampf ausartet und im positiven Fall in eine Diskussion mündet, die zu einer gemeinsam erarbeiteten Problemlösung führt. Schließlich unterscheidet man noch **»spontane« Konflikte**, die auch in der Öffentlichkeit unter wildfremden Personen ausbrechen können (vgl. Glasl 2013).

Arten und Ursachen von Konflikten

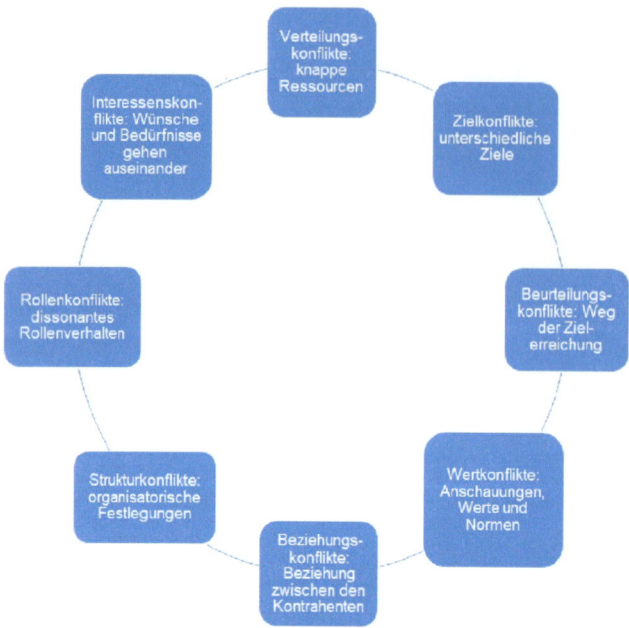

(Quelle: Glasl 2013)

Verschiedene Bedeutungsfacetten des Konflikts

- **Nach Thomas Jordan** (schwedischer Friedensrichter) ist ein Konflikt eine Interaktion zwischen zwei Parteien, von denen mindestens eine Wünsche hat, die sich zu wichtig anfühlen, um sie aufzugeben, und/oder die die Wahrnehmung hat, dass die andere Partei ihre Erfüllung verhindert.
- Ein Konflikt kann auch innerhalb einer Person stattfinden (intrapersoneller Konflikt), analog zum »Inneren Team« (vgl. Friedemann Schulz von Thun 2007).
- Die Bewertung der Fakten bringt uns in einen Konflikt, denn Konflikte entstehen durch die Deutungen und Wertungen unserer Beobachtungen. Konflikte entstehen selten bis nie auf der Ebene der Bedürfnisse.

Konfliktmanagement – Kompromiss oder Konsens?

Ein Gleichnis: Zwei Personen streiten um eine Orange. Beide wollen sie unbedingt haben, das Tauziehen geht hin und her. Die Auseinandersetzung eskaliert, keiner will nachgeben. Endlich einigen sich beide auf einen Kompromiss: Sie scheiden die Orange in der Mitte durch und jeder bekommt eine Hälfte. – Eine vernünftige Lösung?

Der Kernfrage wäre gewesen, wozu brauchen die beiden die Orange eigentlich? Was sind die dahinterliegenden Interessen?

Wenn diese in dem Gleichnis erfragt worden wären, hätte man einen echten Konsens finden können, da vielleicht eine Person mit der Orange einen Orangensaft pressen wollte, während die andere für einen zu backenden Kuchen lediglich die Schale wollte (vgl. Fisher u. a. 2013).

- Beim **Kompromiss** stellt sich für die Konfliktparteien immer die Frage: »Kann ich ohne das, was ich verliere, weiterleben?«
- Beim **Konsens** stellt sich für die Konfliktparteien die Frage: Kann ich mit dem leben, was ich gewinne?

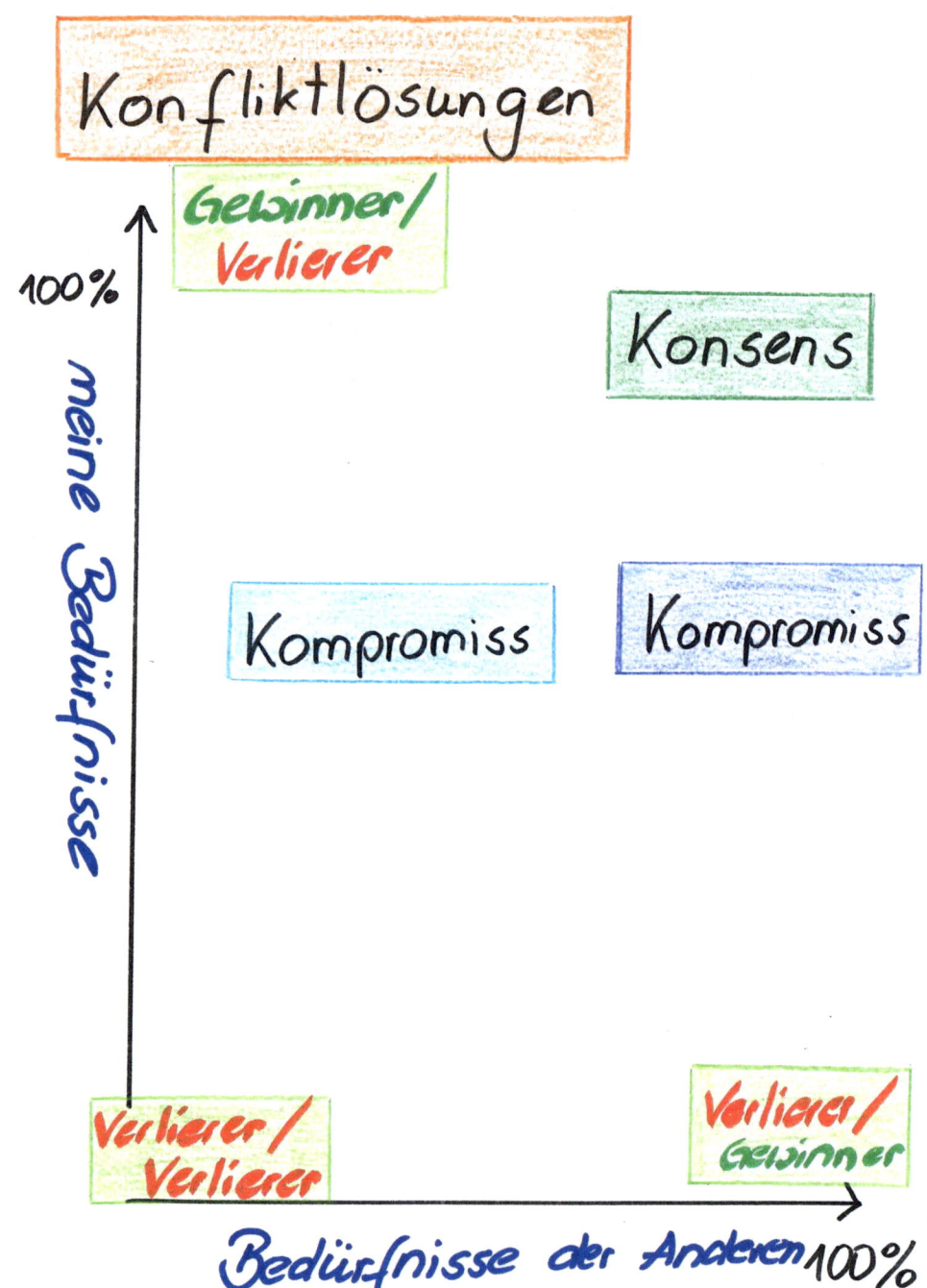

Konfliktlösungen

Gewinner/
Verlierer

Konsens

meine Bedürfnisse

100%

Kompromiss

Kompromiss

Verlierer /
Verlierer

Verlierer /
Gewinner

Bedürfnisse der Anderen 100%

Interessant ist in diesem Zusammenhang das Modell der Konfliktverschärfung nach Friedrich Glasl (2013)

Wenn Konflikte nicht wirkungsvoll deeskaliert werden, verschärfen sie sich stetig. Verdeutlicht wird ein solcher Verlauf in dem folgenden Phasenmodell.

Die Treppe in den »Abgrund«

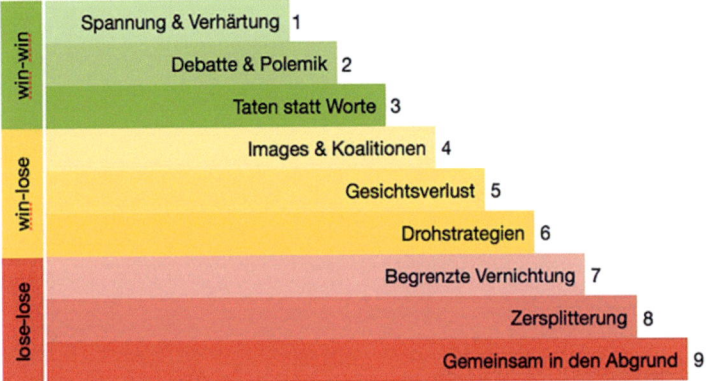

(Quelle: Glasl 2013)

Die neun Stufen der Konflikteskalation nach Glasl (2013)

1. Spannung & Verhärtung

Die Standpunkte verhärten sich und prallen aufeinander. Das Bewusstsein bevorstehender Spannungen führt zu Verkrampfungen. Trotzdem besteht noch die Überzeugung, dass die Spannungen durch Gespräche lösbar sind. Noch gibt es keine starren Parteien oder Lager.
Interventionsmöglichkeit: Moderation

2. Debatte (Polemik)

Es findet eine Polarisation im Denken, Fühlen und Wollen statt. Es entsteht ein Schwarz-Weiß-Denken und eine Sichtweise der Überlegenheit und Unterlegenheit.
Interventionsmöglichkeit: Moderation

3. Aktionen (Taten statt Worte)

Die Überzeugung, dass »Reden nichts mehr hilft«, gewinnt an Bedeutung und man verfolgt eine Strategie der vollendeten Tatsachen. Die Empathie mit dem Anderen geht verloren, die Gefahr von Fehlinterpretationen wächst.
Interventionsmöglichkeit: Moderation

4. Images/Koalitionen

Die »Gerüchteküche« brodelt, Stereotype und Klischees werden aufgebaut. Die Parteien manövrieren sich gegenseitig in negative Rollen und bekämpfen sich. Es findet eine Werbung um Anhänger statt.
Interventionsmöglichkeit: Externe Prozessbegleitung

5. Gesichtsverlust

Es kommt zu öffentlichen und direkten (verbotenen) Angriffen, die auf den Gesichts-verlust des Gegners abzielen.
Interventionsmöglichkeit: Externe Prozessbegleitung

6. Drohstrategien

Drohungen und Gegendrohungen nehmen zu. Durch das Aufstellen von Ultimaten wird die Konflikteskalation beschleunigt.
Interventionsmöglichkeit: Externe Prozessbegleitung

7. Begrenzte Vernichtungsschläge

Der Gegner wird nicht mehr als Mensch gesehen. Begrenzte Vernichtungsschläge werden als »passende« Antwort ausgeführt. Umkehrung der Werte: Ein relativ kleiner eigener Schaden wird bereits als Gewinn bewertet.
Interventionsmöglichkeit: Mediation

8. Zersplitterung

Die Zerstörung und Auflösung des feindlichen Systems wird als Ziel intensiv verfolgt.
Interventionsmöglichkeit: Machteingriff

9. Gemeinsam in den Abgrund

Es kommt zur totalen Konfrontation, ohne einen Weg zurück. Die Vernichtung des Gegners zum Preis der Selbstvernichtung wird in Kauf genommen.
Interventionsmöglichkeit: Machteingriff oder Auflösung des Konfliktsystems

Arbeitsmaterial für die Praxis

Konflikttools für Teams und Gruppen (Praxisbox) (Bähner/Oboth 2011).

Die niederlagenlose Methode der Konfliktbewältigung (im Ursprung von Gordon 1998)

Die niederlagenlose Methode der Konfliktbewältigung strebt eine Gewinnersituation für alle Konfliktbeteiligten als Ergebnis einer kooperativen Konfliktlösung an. Die Vorteile einer solchen Win-Win-Strategie sind:

- Die gefundenen Lösungen werden von allen Beteiligten aus Überzeugung akzeptiert.
- Alle Beteiligten sind gleichermaßen für die Umsetzung der Konfliktlösung verantwortlich.
- Die Beziehung der Konfliktparteien erfährt durch die gemeinsame Erfahrung der Lösungssuche eine Stärkung

(Quelle: Berkel 2008)

Rahmenbedingungen

- Die Methode der niederlagenlosen Konfliktbewältigung sollte in einer *ruhigen* und *ungestörten Umgebung* angewendet werden.
- Der benötigte *Zeitrahmen* kann sehr unterschiedlich sein. Er richtet sich nach der jeweiligen Komplexität des Konfliktthemas und den *Bedürfnissen* der Beteiligten.
- Alle Konfliktbeteiligten *müssen anwesend* sein und *aktiv* in die Klärungs- und Lösungssuche einbezogen werden.
- Idealtypisch ist, dass eine *allparteiliche Person* für die Moderation des Lösungsprozesses herangezogen wird.
- Grundsätzlich kann die Methode auch ausschließlich von den beteiligten Personen angewendet werden.

1. Schritt: Den Konflikt benennen

- *Damit beiden Konfliktparteien klar ist, worum es gehen soll, muss das Problem bzw. der Konflikt angesprochen werden.*
- *Das Interesse an einer guten Lösung muss explizit deutlich werden.*
- *Wichtig ist ein günstiger Zeitpunkt, damit sich alle auch wirklich auf ein Klärungsgespräch einlassen können.*
- *Senden Sie »Ich-Botschaften« und vermeiden Sie Beschuldigungen.*
- *Teilen Sie der anderen Partei Ihre Gefühle mit oder welche Verhaltensweisen des Anderen in Ihnen keine guten Gefühle erzeugen.*

2. Schritt: Wünsche, Bedürfnisse, Motive erkennen und akzeptieren

- *Fragen Sie sich, welche Bedürfnisse und Interessen der Andere bei Ihnen verletzt. Teilen Sie sich mit und senden Sie »Ich-Botschaften«.*
- *Fragen Sie den Anderen, welche ihrer Bedürfnisse und Interessen durch Ihr Verhalten verletzt wird. Hören Sie aktiv zu und spiegeln Sie seine Antworten, wenn dies insgesamt zur Klarheit beiträgt.*
- *Sagen Sie, was Sie sich von dem Anderen wünschen, was Sie wirklich möchten, dass er tun oder lassen soll.*
- *Versuchen Sie zu unterscheiden, was in eine sachliche Auseinandersetzung gehört und »wo« Sie Klarheit in Beziehungsfragen brauchen. Stellen Sie die Beziehungsklärung voran.*

3. Schritt: Ideensammlung zur Konfliktlösung

- *Sammeln Sie gemeinsam Ideen für mögliche Lösungen (Brainstorming).*
- *Bewerten Sie diese Ideen nicht gleich.*
- *Ermutigen Sie Ihren Konfliktpartner, seine Ideen ebenfalls einzubringen.*

4. Schritt: Lösungssuche

- *Überprüfen Sie die gesammelten Ideen kritisch daraufhin, ob Ihre Wünsche und Bedürfnisse berücksichtigt sind.*
- *Versuchen Sie sich auf eine Lösung zu einigen.*
- *Suchen Sie nach einem Konsens oder nach einem Kompromiss mit hoher Schnittmenge. Falls notwendig, sagen Sie klar, dass Sie der vorgeschlagenen Lösung nicht zustimmen können.*

5. Schritt: Einigung und Entscheidung für eine Lösung

- *Wenn Sie sich auf eine Lösung geeinigt haben, betrachten Sie diese als vorläufig und probieren Sie sie aus.*
- *Die Entscheidung wird jetzt realisiert.*
- *Es kann sein, dass sich herausstellt, dass die Lösung so nicht durchführbar ist oder es noch an der Verbindlichkeit fehlt. Überprüfen Sie in der Folge, ob auch Ihr Konfliktpartner mit der Lösung einverstanden ist.*

(Vgl. Berkel 2008)

Was sind Glaubenssätze?

Glaubenssätze sind, wie auch Überzeugungen, Einstellungen und Meinungen, unbewusste Lebensregeln. Sie entstehen aus der Verarbeitung und Bewertung früherer Erlebnisse und bestimmen dein alltägliches Verhalten. Glaubenssätze bilden die Grundlage deines alltäglichen Handelns und dienen der Verwirklichung oder Verhinderung deiner Fähigkeiten und Ziele. Die positiven Glaubenssätze kannst du behalten und sogar verstärken, die negativen kannst du loslassen oder umdeuten (vgl. Truchseß 2018).

Transferfragen:

Welche Überzeugungen/Glaubenssätze habe ich, die mich daran hindern, Konflikte anzugehen?
- Was behindert mich?
- Kann ich etwas an die Stelle setzen, das für mich hilfreicher ist?

Transformation hinderlicher Glaubenssätze

A-B-C-Übung:
- Person A formuliert einen Glaubenssatz: »Mit älteren Menschen streitet man nicht«.
- Person B ist der Coach und führt das Gespräch anhand des Leitfadens
- Person C beobachtet den Prozess, notiert die zentralen Aussagen und coacht bei Bedarf den Coach.

Jeder in jeder Rolle pro Prozess 45 Minuten inklusive Auswertung.

Transformation hinderlicher Glaubenssätze (vgl. Truchseß 2018)
- Finde einen Glaubenssatz, den du als hinderlich empfindest. Frage dich, was du gerne tun würdest, es aber nicht tust, weil … (Glaubenssatz). Lies deinen Glaubenssatz, denke an ihn, damit du mit ihm in Verbindung kommst. Welche Gedankenstruktur steckt dahinter? Was wäre das »Worst-Case-Szenario«, wenn du es anders machst?
- Welche Gedanken und Gefühle kommen dabei hoch? Achte darauf, dass du wirklich alle Gefühle wahrnimmst, die du in Verbindung mit diesem Glaubenssatz spürst. Wenn du eine körperliche Entspannung bemerkst, z. B. durch tiefes Ausatmen, sind alle Gefühle von dir wahrgenommen worden. Wenn Gefühle zu stark werden, distanziere dich innerlich so weit, dass du sie spüren kannst, sie dich jedoch nicht überwältigen.
- Finde die unerfüllten Bedürfnisse, die hinter diesen Gefühlen stehen, und verbinde dich mit diesen Bedürfnissen. Achte wieder auf die körperliche Entspannung, als Zeichen dafür, dass du alle unerfüllten Bedürfnisse wahrgenommen hast.
- Nun verbinde dich mit den Bedürfnissen, für deren Erfüllung dein Glaubenssatz sorgt bzw. gesorgt hat. Werde dir bewusst, dass dich der hinderliche Glaubenssatz

früher unterstützt und geschützt hat. Gib diesem Teil in dir, der den Glaubenssatz aufgestellt hat, Anerkennung und versichere ihm, dass du auch weiterhin seine Unterstützung und seinen Schutz möchtest.

- Verbinde dich in den kommenden Stunden immer wieder mit den unerfüllten und erfüllten Bedürfnissen. Welche Strategie gibt es, mit der du alle Bedürfnisse erfüllen kannst? Finde eine konkrete Strategie oder formuliere eine Bitte an dich selbst und zu deiner Unterstützung, auch an andere gerichtet.
- Stelle dir plastisch vor, du würdest das tun, was du dir wünschst: Kommen dann weitere Glaubenssätze (oder der gleiche noch mal)? »Wenn weitere Glaubenssätze kommen, bearbeite diese Glaubenssätze weiter«.
- Lass aus dem Bedürfnis heraus einen neuen Glaubenssatz entstehen, der dich unterstützt.

Wenn es im Text heißt: »verbinde dich mit deinen Gefühlen/Bedürfnissen«, dann ist damit gemeint, das Gefühl bzw. Bedürfnis als konkretes Körperempfinden zu spüren (somatische Wahrnehmung).

Transferaufgabe

Was ist für dich der Unterschied zu deinem alten Denken und Handeln, bezogen auf das Erreichen eines Zieles?
- Es ist schwierig!
- Es ist ungewohnt!

Bedürfnisse können miteinander in Konkurrenz stehen
- Beispiel: die Trennung vom Partner, Autonomie versus allein sein (Verlust der Gegenseitigkeit), das sind nach Rosenberg zwei Grundbedürfnisse. Auf welches dieser Grundbedürfnisse kann ich zeitweise eher verzichten?
- Veränderung wird durch das Bewusstsein der eigenen Gefühle und das Sicherstellen der Bedürfnisse erst möglich. Häufig sind wir mit unseren tatsächlichen Gefühlen weniger in Kontakt.
- Die Ratio kann die Wahrnehmung unserer Gefühle nur bedingt unterstützen, die Entscheidung fällt auf der Gefühlsebene und nicht auf der Faktenebene.

- Die Attraktivität (Motivation) ist der Schlüssel dazu, ob es uns gelingt sich für ein Bedürfnis zu entscheiden. Wie hoch ist das Attraktivitätspotenzial des jeweiligen Bedürfnisses für mich?
- Veränderung bedeutet auch, in ein persönliches Risiko zu gehen.

Übung im Kreis: Die Unterscheidung zwischen Strategie und Bedürfnis üben
- Person A nennt ein konkretes Bedürfnis (»Ich wünsche mir mehr Aufmerksamkeit von meinem Partner.«) und tritt in die Mitte des Kreises.
- 2 Personen, B und C, treten ebenfalls in die Mitte des Kreises und wenden sich Person A zu. B und C nennen jeweils eine Strategie (B: »Ich wünsche mir, dass du mir jeden Tag fünf Minuten aktiv zuhörst und mir dann sagst, was bei dir angekommen ist.«; C: »Jedes zweite Wochenende verbringen wir gemeinsam, ohne dass eine andere Person aktiv beteiligt ist.«). Person A entscheidet sich für die erste Strategie und nimmt diese Person aus der Mitte mit in den äußeren Kreis.
- Die Person B oder C, deren Strategie nicht ausgewählt wurde, bleiben in der Mitte des Kreises stehen, 2 neue Personen, D und E, treten in die Mitte des Kreises und formulieren zwei Bedürfnisse, die mit dieser Strategie erfüllt werden können.
- Jetzt wählt die Person eines dieser Bedürfnisse aus usw. Das geht so lange, bis alle Teilnehmer einmal an der Reihe gewesen sind, gerne auch mehrfach.

(Quelle: eigene Darstellung)

Strategien zeigen häufig nur einen Weg bzw. eine Lösung auf. Was mache ich, wenn etwas gerade jetzt nicht geht (mein Schatz wünscht sich mehr körperliche Nähe und ich habe einen stark ansteckenden Infekt). Bedürfnisse lassen sich auf unterschiedlichen Wegen erfüllen und lassen mehr als eine Lösung zu.

Es gibt mehrere Alternativen, um ein Bedürfnis zu erfüllen.

Je bewusster der Mensch das tut, desto stärker ist er mit sich selbst in Kontakt. So erhöht er seine Selbstwirksamkeit.

Widersprechende Bedürfnisse scheinen gegenläufig zu sein, häufig lassen sie sich jedoch miteinander verbinden:
- Nacheinander (»und«).
- Sowohl als auch.
- Häufig verwechseln wir Qualität mit Quantität (Ruhe finden; anstatt zwei Stunden Mittagspause 10 Minuten »Power-Napping«)

Diese Unterscheidung ist für das Konfliktcoaching besonders wichtig, damit wir mehr als **eine** Lösung finden.

Es ist wichtig, erst einmal zu verstehen: Um welches Bedürfnis geht es hier konkret. Nicht beim ersten Satz sofort über das WIE nachdenken bzw. wie das Bedürfnis befriedigt werden kann.

Übung GFK-Wahrnehmungspositionen

Setting für die Übung mit drei Stühlen

Ich-Position · · · · · · Du-Position · · · · · · Beobachterposition

Vogelperspektive (Metaposition/Adlerperspektive)

Stellen wir uns folgende Situation vor:

Ich baue ein Haus im ländlichen Bereich, um mehr Ruhe für mich und meine Familie mit kleinen Kindern zu finden. Die Durchgangsstraße führt nur zu einem kleinen Nebenerwerbsbauernhof mit wenig Verkehr. Im Laufe der Zeit wächst das Wohngebiet durch den Zuzug vieler Familien mit Kindern an. Der kleine Bauhof wird verkauft und es entsteht ein Biobauernhof mit Gastronomie und Veranstaltungen aus dem Kulturbereich. Der Verkehr nimmt genauso dramatisch zu wie der Lärm bis spät in die Nacht. Die Anwohner begehren auf und wollen wieder den Ursprungszustand zurück, nämlich wenig bis keinen Verkehr und keinen Lärm durch den Bauernhof, denn sonst hätte ja das Bauen im ländlichen Idyll keinen Sinn gemacht. Der Bauernhof braucht das Angebot und die Nachfrage der Kunden jedoch, um existieren zu können.

Runde 1:

Die anwesende Konfliktpartei setzt sich nacheinander auf die Ich-Du-Beobachter-positionen.

- **Ich-Position:** Wie erlebe ich mich in der Situation, was ist der Auslöser, was sind meine Gefühle und Bedürfnisse? Ich bin in der Gesprächssituation (Coach sammelt Erkenntnisse ein). Hier wird die **Anwohnerperspektive** geschildert.
- **Du-Position:** Wie erlebt der Andere die Situation, was sind mögliche Gefühle und Bedürfnisse bei ihm? Der Konfliktpartner ist in der Situation (Coach sammelt Erkenntnisse ein). Hier wird die Perspektive des **Biobauern** geschildert.
- **Beobachter-Position:** Wie würde eine unbeteiligte Person aus dem Umfeld, die nicht betroffen ist, die Situation schildern (Ausgangssituation, Gefühle, Bedürfnisse)? Perspektive eines **unbeteiligten Dritten**, der außerhalb der beiden Konfliktparteien steht und die Situation kennt.
- **Vogelperspektive:** In der Rolle einer neutralen Person Hypothesen bilden. Die gesamte Situation immer von außen betrachten. **Perspektive des Coachs**, nachdem er die anderen drei Perspektiven gehört hat.

Runde 2:

Wieder jeder auf jeden Stuhl. »Was schätzt du an der Beziehung zu der anderen Person?« Immer mit Perspektivwechsel, indem ich darüber spekuliere, was die andere Konfliktpartei denkt und was ein neutraler Beobachter denken könnte. In der Vogelperspektive wieder Hypothesen bilden.

Runde 3:

Welche Wünsche (Bitten, Strategien) hast du an die/für die andere Person? Einsammeln der Erkenntnisse, ansonsten wie in den Runden 1 und 2.

Dies ist ein Werkzeug, um ein wichtiges Gespräch effektiv zu führen. Es kann entweder genutzt werden, um sich auf ein solches Gespräch vorzubereiten, oder um während des Gesprächs durch entsprechende Fragen Klarheit über die Positionen zu bekommen.

Wichtig dabei ist zu berücksichtigen:
- *»Jeder Mensch ist ein anderes Land.«*
- Wir unterscheiden zwischen Person und Handlung (hart in der Sache, fair zur Person).
- Wir unterscheiden zwischen dem, was jemand tut, und dem, was seine Absicht dahinter ist.

Mehrere Runden durchführen:
- Jeweils auf allen Stühlen überprüfen: Was nimmst du hier wahr? Welches Gefühl entsteht? Was brauchst du hier?
- Was genau schätzt du von deiner jeweiligen Position aus an dieser Beziehung? Welche Bedürfnisse erfüllt sie, welche sind nicht erfüllt?
- Welche Wünsche hast du hier an diese Beziehung, in dieser Situation, für dieses Thema? Welche Bitten entstehen daraus?
- Jeweils am Ende jeder Runde aus der Metaposition betrachten: Was nehme ich von hier aus wahr? Was gewinne ich dazu? Was kann ich jetzt tun?

(Vgl. Bähner/Oboth 2011; Cremer 2016; Rosenberg 2004, 2013, 2015)

Transferfragen:
- Was nehme ich aus dieser Simulation mit?
- Was ist mein Fazit?
- Wie kann ich diese Übung für eine Bitte nutzbar machen?

Mediationsphasenmodell

Sind beide Konfliktparteien damit einverstanden, den Konflikt gemeinsam mit einem allparteilichen Coach zu lösen, stellt das Mediationsphasenmodell eine adäquate Alternative dar. Ziel ist es, Vereinbarungen und Lösungen für eine zukünftige Beziehungskultur (»Wie möchten wir in Zukunft miteinander umgehen?«) zu gestalten, auch, dass im Ziel die Zufriedenheit mit dem Ergebnis und die weitgehende Sicherheit, dass eigene Werte Bedürfnisse und die Interessen aller Beteiligten in der Konfliktlösung berücksichtigt sind. Idealtypisch wäre eine Win-Win-Situation. Da diese nicht immer erreichbar ist, sollte ein Konsens oder Kompromiss mit möglichst großer Schnittmenge angestrebt werden und dass niemand auf elementare Dinge dauerhaft verzichten muss, sonst trägt der Kompromiss nicht.

Dazu stelle ich euch zwei Varianten vor:

Mediationsphasenmodell:

0 = Vorgespräch
1 = Sicheren Rahmen schaffen
2 = Konfliktdarstellung (Konfliktpositionen)
3 = Bedürfnisse/Interessen hinter den Positionen (häufig die zentrale Frage)
4 = Lösungsfindung
5 = Ggf. Nachgespräch

Alternativmodell:

1 = Einführung in den Rahmen und das Setting
2 = Darstellung der Positionen
3 = Konfliktdarstellung (Welche Bedürfnisse sind nicht erfüllt?)
4 = Lösungsphase
5 = Vereinbarung/Abschluss

Gedanken zum Rahmen/Setting

In Abstimmung mit dem Coachee steuert der Coach den Ablauf eines Coachings. Er trägt die Prozessverantwortung und handelt unter Berücksichtigung des jeweiligen Settings. Ziel ist es, private Beziehungen und Arbeitsbeziehungen so zu gestalten, dass Kommunikation, Arbeitsfähigkeit, Zufriedenheit und Kooperation gelebt werden können.

(Quelle: Duss von Werdt 2011)

»Wörter können eine Tür öffnen oder schließen.«

Ich weiß nicht immer, wie meine Wörter auf andere wirken, ich weiß jedoch, ich kann beeinflussen, ob eine Tür auf- oder zugeht.

Der Coach hat die Aufgabe, die soziale Interaktion unter den Konfliktparteien zu beobachten und bei Bedarf für Transparenz zu sorgen, dazu muss er sich Folgendes bewusst sein:

Beobachtung ist nicht gleich Bewertung, wichtig ist, die Auslöser zu beobachten und verbal zu beschreiben, ggf. den Satz wiederholen zu lassen, im Sinne von mehr Sicherheit zu bekommen, wie es genau war bzw. ist. Den Aha-Modus (beim Anderen beobachten) = Beim Anderen die Reaktion auf die Beobachtung beobachten. Gefühle und deren Beschreibung erfragen, keine Gedanken oder gar Diagnosen zulassen. Die Bedürfnisse erfragen (Werte, die alle Menschen teilen = Grundbedürfnisse nach Rosenberg). Wie soll das Bedürfnis erfüllt werden? Welche Strategien sind möglich, braucht es überhaupt eine Strategie? Im Streit geht es häufig um die Strategie, selten um die nicht erfüllten Bedürfnisse. Eine Bitte formulieren, entweder eine Lösungsbitte (Wie es werden soll!) oder eine Beziehungsbitte (Was ist gerade bei dir angekommen?). Eine Bitte ist etwas anderes als ein Wunsch (im Wunsch steckt häufig eine Forderung oder Anweisung)

Beispiel in der Gewaltfreien Kommunikation

»Wenn ich höre, dass Sie reden, während die Präsentation läuft, bin ich irritiert, weil ich für mich die Konzentration brauche.« (Selbstempathie)

»Können Sie bitte Ihre Frage stellen oder Ihre Meinung äußern, wenn ich mit der Präsentation fertig bin?!« (Selbstempathie)

Mit Giraffenohren hören (welche Gefühle werden aus nicht erfüllten Bedürfnissen heraus geäußert?). Die Reaktion soll sich auf die aktuelle Situation beziehen und nicht auf die geäußerten Wörter.

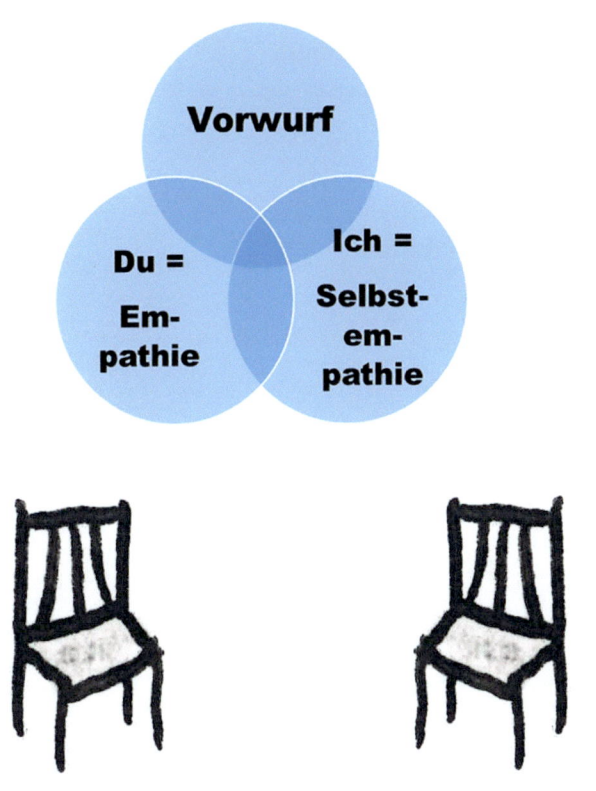

Vorwurf: »**Deine Freunde sind dir wichtiger als ich!**«

Vorwurf: »**Du hast nie Zeit für mich!**«

Verstehen heißt nicht:
- ich stimme der Handlung zu oder
- ich erfülle die Forderung.

Das Ziel ist es, die Absicht von der Handlung zu trennen. Wie komme ich in meine wertschätzende Haltung zurück, nicht indem ich immer wertschätzend bin. Rosenberg sagt: »Ich bin nicht immer empathisch, ich weiß jedoch, wie ich in die Empathie zurückkomme. Ich habe auch böse (unreine) Gedanken, ich merke jedoch, dass ich im Beziehungsmodus bin, und ich weiß, wie ich wieder in meine wertschätzende Haltung komme (vgl. Rosenberg 2006).

Übung zum Perspektivwechsel in Konfliktsituationen:

»Man sollte jede Sache (Konflikt) von drei Seiten betrachten« (Quelle: chinesische Weisheit, Ursprung unbekannt):

Wahrnehmungspositionen in der ersten Runde

Stuhl 1 = Ich-Position: **Selbstempathie**

- Wie habe ich die Situation erlebt (die Schilderung meiner subjektiven Sichtweise)?
- Wie geht es mir damit?
- Welche Gefühle habe ich dabei erlebt, wie waren meine Gefühle in den einzelnen Situationen)?
- Was brauche ich jetzt, an dieser Stelle, von der anderen Person?
- Was ist mir an dieser Stelle von der anderen Person wichtig?
- Was ist mir wichtig im Umgang miteinander?
- Was möchte ich? (Auf keinen Fall: »Was möchte ich nicht!«)

Stuhl 2 = Du Position: **Empathie**

Das ist der Platz des Konfliktpartners (Perspektivwechsel) = Empathie, mit den Augen des Anderen sehen!

- Was ist aus seiner Sicht passiert?
- Was ist bei ihm gerade los?
- Was braucht er in dieser Situation?
- Ist es das im Wesentlichen?

Stuhl 3 = Beobachterposition (z. B. am Konflikt unbeteiligter Kollege)

- Was bekommt er so mit?
- Was hat er mitbekommen, was bei A und B so abläuft, passiert?
- Was, glaubt er, steckt dahinter?
- Was, glaubt er, könnte den Konfliktparteien jeweils wichtig sein?

Auflösung der Situation!

Jetzt auf der Metaebene die Situation im Stehen gemeinsam betrachten!
- Was nimmst du aus den unterschiedlichen Perspektiven der drei Stühle mit für die Echtsituation?
- Was ist dir aufgefallen?
- Welche Ideen nimmst du für dein zukünftiges Handeln mit?

Wahrnehmungspositionen in der zweiten Runde:

Stuhl 1   **Stuhl 2**   **Stuhl 3**

Was schätze ich an der Beziehung?

Auf allen drei Stühlen nacheinander die Antworten »einsammeln«.

Jetzt auf Metaebene die Situation im Stehen gemeinsam betrachten!

Wahrnehmungspositionen in der dritten Runde:

Stuhl 1   **Stuhl 2**   **Stuhl 3**

Wie will ich in Zukunft auf ähnliche Situationen reagieren?

Auf allen drei Stühlen nacheinander die Antworten »einsammeln«:
- **Stuhl 1:** *Bitten*
- **Stuhl 2:** *Wünsche*
- **Stuhl 3**: *Strategien*

Es geht immer um Bitten, Wünsche und Strategien!
Danach auf Metaebene die Situation im Stehen gemeinsam betrachten!

Was ist für die Rolle als Konfliktcoach besonders wichtig?

Empatisch zuhören können

Das Geschehen verfolgen und steuern können

Kontakte unterstützen

Allparteilich bleiben

Grundwerkzeuge und Fähigkeiten im Konfliktcoaching

Alle in einem Boot halten können

Menschen unterstützen einander dabei, zuzuhören

Im Notfall „Erste-Hilfe-Empathie" geben

Unterbrechen können, um den Dialog zu fördern

Den Rahmen gestalten und erhalten

Cross-Pacing (aus dem NLP)

Der Coach setzt Cross-Pacing bewusst als Intervention im Konfliktcoaching mit zwei Konfliktpartnern ein, indem er einem Konfliktpartner körperlich mehr zugewandt ist und gleichzeitig den Augenkontakt mit dem anderen Konfliktpartner stärker hält. Hierbei ist über Kreuz zu kommunizieren, indem ich meine Körperposition näher an dem Konfliktpartner orientiere, der in dem Moment nicht spricht. Gleichzeitig halte ich jedoch Augenkontakt mit dem Konfliktpartner, der gerade spricht (vgl. Mind Marketing o.J.)

In der GFK ist ein »NEIN« ein »JA« für etwas Anderes (emotionaler *Perspektivwechsel*)

Beispiel: *Ein Teilnehmer ist in einer Diskussion nicht bereit, sich an die vereinbarten Gesprächsregeln zu halten. Dieses »Nein« gefährdet die Fortführung der Diskussion. Möglicherweise fühlt er sich in seinem Bedürfnis, ausreichend Gehör zu finden, bedroht, deshalb formuliert er sein »Nein«. Gleichzeitig ist es ein »Ja«, sich aktiv an der Diskussion zu beteiligen, wenn sein Bedürfnis nach »Gehör finden« sichergestellt ist.*

Giraffenohren hören dementsprechend auf die Bedürfnisse, die sichergestellt werden wollen.

Übung im Kreis im Sinne einer Kompassnadel

Alle Teilnehmenden stellen sich im Kreis auf, jeder Teilnehmende findet seinen Partner wie bei der Kompassnadel direkt gegenüber. Jeder tritt jeweils in beiden Rollen auf.

Person A formuliert einen Vorwurf bzw. Widerstand: *»Du hast nie Zeit für mich!«*

Person B reagiert nicht auf den Inhalt, sondern versucht herauszufinden, welche Bedürfnisse erfüllt werden sollen: *»Geht es dir darum, dass du dich allein gelassen fühlst?«*

Merke:

In der GFK ist ein NEIN ein JA für etwas Anderes.
- Verstehen heißt nicht zustimmen oder erfüllen!
- Empathie in der GFK heißt nicht, ich erfülle alle Bedürfnisse des Anderen oder ich stimme allen seinen Aussagen zu.

Ausrichtung auf das Amt als Konfliktcoach

Paarübung:

Ein Coach begleitet einen Teilnehmenden über 6 Stufen durch einen Prozess der Rollenklärung.
4. Wie sieht meine ideale Arbeitsumgebung aus? Der Teilnehmende beschreibt seine Wahrnehmung mit allen Sinnen.
5. Was tut der Teilnehmende in der konkreten Situation, um ein wertschätzendes und professionelles Setting vorzubereiten? Das konkrete Tun soll an Beispielen in der konkreten Situation dargestellt werden – bevor das eigentliche Gespräch losgeht.
6. Welche Fähigkeiten, Fertigkeiten, Haltungen, Kompetenzen und Ressourcen setzt der Teilnehmer in der konkreten Gesprächssituation ein?
7. Von welchen Werten und Überzeugungen lässt er/sie sich dabei leiten?
8. Was ist meine Identität, was oder wer bin ich in dieser Situation, was ist mein Selbstverständnis, meine Profession? In Bildern, Metaphern beschreiben lassen.

9. Was ist meine Mission, wem fühle ich mich zugehörig? Was ist noch größer als ich? Was treibt mich immer wieder neu an? Was ist die oder meine Botschaft?

Reflexionsübung zum Thema Rolle – Rollenklärung – Auftragsklärung.

Die Erkenntnis ist, dass die Motivation idealtypischerweise, trotz zum Teil schwieriger Rahmenbedingungen, von innen kommt. Auf Dauer reicht es nicht, wenn ich nur von außen motiviert (angetrieben) bin.

Gut geeignet in Kombination mit anderen Methoden, in diesem Fall mit einer Kreativmethode

Teil 1: Kreativmethode (Emotion-Cards oder assoziatives Zeichnen):
• Was ist für die **Rolle X** besonders wichtig?

Teil 2: Ausrichtung auf die Tätigkeit – das Amt – (siehe die 6 Stufen – Ausrichtung auf das Amt des Konfliktcoaches):
• Was ist in der jeweiligen Stufe für mich besonders wichtig?

Übung

Wie gehe ich mit einem Seminarteilnehmer um, wenn von diesem vereinbarten Seminarregeln (z. B. gegenseitige Wertschätzung) nicht eingehalten oder akzeptiert werden?

Die Gesamtgruppe wird in zwei gleich große Teilgruppen aufgeteilt.
• Teilgruppe A erhält verschiedene Karten, die Hälfte der Teilnehmer von Gruppe A bekommt »Wolfsohren (innen und außen)«, die andere Hälfte »Giraffenohren (innen und außen)«.
• Teilgruppe B erhält keine Karten.
• Nach einem Klingelton kommen zwei Menschen zusammen, jeweils ein Teilnehmer aus Gruppe A und ein Teilnehmer aus Gruppe B.
• A formuliert eine Seminarregel, B sagt in einem Satz »Nein« zu der Seminarregel: »Ich

halte mich nicht an die Vereinbarung der gegenseitigen Wertschätzung!« A reagiert entsprechend der Karte mit Vorwurf, Selbstvorwurf, Selbstempathie oder Empathie.
- Dann wird die Karte übergeben. Die Übung läuft so lange, bis jeder aus jeder Perspektive auf ein »Nein« des anderen Teilnehmers reagiert hat.
- Im Anschluss folgt die Auswertung im Plenum, die Auswertung der einzelnen Rollen durch sowohl emotionale Auswertungsfragen als auch Fragen zur effektiven Konfliktlösung.

Empathie in diesem Kontext bedeutet, eine Zeitlang in den Schuhen des »Konfliktpartners« (des Anderen) zu laufen, jedoch weiß ich, dass es nicht meine Schuhe sind. Ich kann jederzeit wieder aus den Schuhen des Anderen herausschlüpfen.

Rituale, um in die Rolle des Konfliktcoaches zu kommen:
- Kleidung
- früher da sein als die Konfliktparteien
- frische Luft in den Raum lassen
- sich auf das Konfliktcoaching mental und inhaltlich vorbereiten/einstimmen
- Getränke bereitstellen
- den Einstieg überlegen
- …

Rituale, um aus dem Amt auszusteigen:
- Bewusste Handlungen vollziehen, z. B. auf die Terrasse oder an das offene Fenster treten
- Setting ab- oder zurückbauen
- Bewusste Pause machen
- Kleidung wechseln
- …

Die Rituale sind individuell, dies sind meine, jeder sollte seine eigenen finden, jeder sollte seine Rituale kennen und gezielt einsetzen (vgl. Neues Lernen 2020).

Methoden für das Konfliktcoaching mit zwei Parteien

Zunächst ist der Fokus auf das Bedürfnis gerichtet und nicht auf das Wie. Die Aufmerksamkeit liegt nacheinander zunächst auf dem **ICH** und im Anschluss auf dem **DU**.

Sonst besteht die Gefahr, dass sich die Perspektiven vermischen: »Du bringst **mich** auf die Palme!«.

Das Ziel ist die Trennung von Ich und Du!

Beim *ersten Schritt* ist die Position an der roten Karte, beim zweiten *Schritt* an der grünen Karte und beim *dritten Schritt* an der gelben Karte.

Person A: Person B:

1. Prozessschritt (rote Karte):
»Ich will ...   *« »Ich will ...«*

2. Prozessschritt (grüne Karte):

»Habe ich dich richtig verstanden, dass es dir um … geht?«

»Ist dir klar, worum es wirklich geht?
»Oder wofür es mir wichtig ist?«

3. Prozessschritt (gelbe Karte):

»Ich habe da eine Idee …, eine Möglichkeit wäre …?«   oder   »Eine mögliche Lösung ist …?«
»Eine Idee könnte sein …?«

Rote Position: »Ich will …!«   »Ich will auch …!«

Grüne Position: »Könnte es dir wichtig sein, dass …?«

Die beiden Personen wechseln so lange **zwischen der roten und der grünen Position**, bis klar wird, was die Personen wirklich voneinander wollen, und jeder sicher ist, dass sein Bedürfnis auch verstanden wurde. Wenn darüber ein Commitment besteht, wechseln die Protagonisten auf die **gelbe Position**.

Gelbe Position:

»Ich habe da eine Idee.«   »Meinst du das …?«
»Ja, das finde ich auch gut!«

Jetzt wieder rote Position:

»Ich will auch« oder   »Ja, ich auch, aber …«.

Grüne Position:
»Worum geht es dir?«   »Ist dir wichtig, dass …?«
»Kann es sein, dass …?«   »Geht es dir darum?«

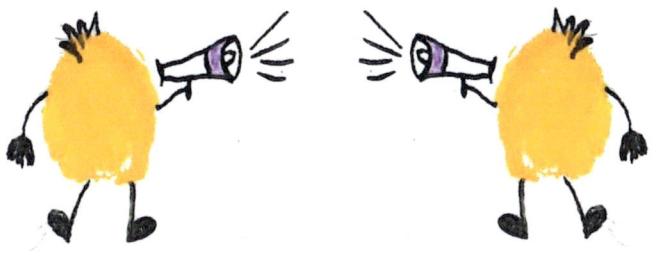

Besteht bei beiden Protagonisten im Sinne der Lösungsorientierung ein Commitment, geht es wieder gemeinsam auf die **gelbe Position**.

Gelbe Position:

»Ich habe da eine Idee ...!«

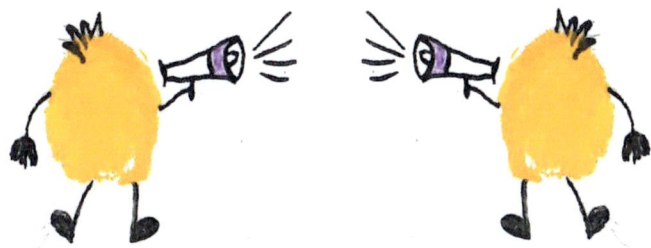

Wenn die »Idee« von beiden im Sinne eines Commitments akzeptiert wurde, gehen beide Protagonisten wieder auf die rote Position zurück. Sie übernehmen jetzt Eigenverantwortung für die vereinbarte »Idee«. Das Ganze wird aus der **roten Position** laut für den Anderen ausgesprochen: »Wir machen das dann folgendermaßen …!«

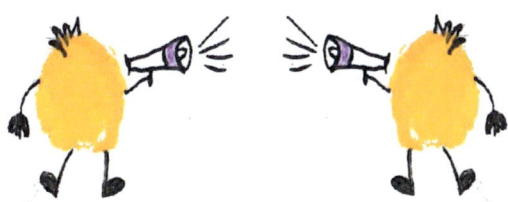

(Vgl. Fischer-Epe 2008; Prohaska 2013; Wehrle 2019)

Dirty Fighting

Dirty Fighting ist das Original der Methode.

Diese Methode eignet sich dann, wenn beide Konfliktparteien keinen Zweifel an der Beziehungsebene haben und es beiden Parteien wichtig ist, dass es in Zukunft besser wird (gefestigte Beziehungsebene und gewachsene Freundschaft).

	Person A	Person B
1. Position	»Ich will …«	»Ich will …«
2. Position	»Habe ich dich richtig verstanden?«	»Habe ich dich richtig verstanden?«
3. Position	»Eine möglich Lösung könnte sein …«	»Eine mögliche Lösung könnte sein …«

Im *Gegensatz zur erstgenannten Methode* wird hier nicht im Stehen, sondern auf Stühlen gearbeitet.

Person A: Person B:

Ich:	**Ich:**
»Ich teile mich mit.«	»Ich teile mich mit.«

Das Ich äußert sich!	Das Ich hört zu!

Du: »Ich höre dich.«	**Du:** »(verstehend) zuhören«

Die Positionen ICH und DU werden ebenso lange gewechselt wie die Perspektiven des »sich äußern« und »zuhören«, bis ein gegenseitiges Verständnis vorliegt. Erst danach geht es in die »heilende Phase«. In der »heilenden Phase«, es tritt gezielt eine Phase des Schweigens ein, beide Protagonisten hören dabei noch einmal nach innen im Sinne von »Ich bin froh, dass ich dich *jetzt* verstanden habe!«

Wir   »Wir suchen gemeinsam nach Lösungen.«   **Wir**

Beide Protagonisten verlassen erst den WIR-Stuhl, wenn die Win-Win-Situation eingetreten ist, die beide Protagonisten auch so bewerten. Auf keinen Fall verlassen die Protagonisten den Stuhl bei einem Kompromiss, der von einer Konfliktpartei nur bedingt getragen werden kann.

Aktivierungsübungen, Workshop-Spiele, Auflockerungsspiele, Energizer, Aktivierung – mit diesen Begriffen meinen Trainer bzw. Coaches häufig das Gleiche, nämlich kurze, aktivierende, häufig mit Bewegung verbundene Übungen.

Einstieg in einen Workshop mit mehreren Bausteinen/Modulen:

Es wird kurz eine Alltagssituation imaginiert, z. B. ein Bummel am Samstagvormittag auf einem gut besuchten Wochenmarkt. In zwei bis drei Sätzen soll ein entsprechendes Szenario kreiert werden.

Die Besucher laufen über den Markt. Sie kommen an bunten Ständen vorbei und treffen unterschiedliche Menschen. Sie stellen in ihren Begegnungen mit Anderen folgende Fragen:

- Was ist dir seit dem letzten Workshop gut gelungen?
- Was hättest du gerne anders gemacht?
- Wie fühlst du dich heute hier und mit welchem Gefühl willst du unterwegs sein?
- Worauf freust du dich?
- Was willst du konkret dafür tun, dass es gut wird?

(Vgl. Fischer-Epe 2008; Prohaska 2013; Wehrle 2019)

Exkurs »empathische Gesprächsführung«

Wie reagierst du auf die provokante Aussage: »Das war schon immer so!«

Mit Giraffenohren hören heißt nicht, auf den Inhalt zu reagieren. Du interessierst dich ausschließlich dafür, welche Bedürfnisse die Person sicherstellen will.

»Wofür ist dir wichtig, dass alles so bleibt, wie es ist?«
Antwort: »Damit bleibt unsere Arbeit effizient.«
Reaktion, z. B. mit geschlossener Frage (im Sinne einer positiven Unterstellung):
»Ist Effizienz immer wichtig?«

Dabei ist es egal, ob die positive Unterstellung mit Ja oder Nein beantwortet wird. Wichtig ist, dass sichtbar wird, welche Bedürfnisse er sichergestellt haben möchte.

Im Team kann der Coach die Frage bzw. den Impuls an die anderen Teammitglieder weitergeben:

»Wie kommt das bei euch an, dass es Herrn K. um Effizienz geht?«
»Was ist denn für euch wichtig?«

So werden alle Bedürfnisse, die in einem Team verborgen sind, sichtbar. Erst dadurch wird es möglich, dass alle Teammitglieder ihre Bedürfnisse sicherstellen können (vgl. Schirmer 2018).

Der Giraffentanz – Wolfssprache transformieren in Giraffensprache

Die Sprache der GFK kann auch als Methode verwendet werden. In einem konkreten Konflikt zwischen zwei Konfliktparteien bietet sich das an, um aus der Ich- und aus der Du-Perspektive die komplexe Konfliktsituation darzustellen.

Die vier Schritte der GfK: »die *Wolfsshow*«
1. **Beobachtung**
2. **Gefühle**
3. **Bedürfnisse**
4. **Bitte**

Einmal erfolgt der Durchlauf in der Ich- Perspektive und in einem zweiten Durchgang in der Du-Perspektive der jeweiligen Konfliktparteien.

Damit wird es möglich, Glaubenssätzen auf die Spur zu kommen, die uns in Konflikten behindern. Durch Glaubenssatzarbeit (Selbstreflexionsarbeit) sollen neue Glaubenssätze gefunden werden (Glaubenssätze umdeuten), die das Konfliktverhalten positiv fördern (vgl. Rosenberg 2006).

Die Übungen mit dem »roten Tuch« sind eine Form der Erste-Hilfe-Empathie:

Eine Person steht in der Mitte des »roten Tuches«, sie schimpft in der Wolfssprache und lässt ihren Gefühlen freien Lauf. Die anderen Personen stehen im Kreis um das »rote Tuch« herum und erfragen oder spiegeln die Gefühle und Bedürfnisse, die sie glauben in der Wolfsshow durch die betreffende Person zu hören. Wichtig ist es, aktiv in die Wolfsshow einzudringen und nicht erst zu warten, bis die betreffende Person geendet hat. Wenn sich die betreffende Person zunehmend verstanden fühlt, wandert sie entsprechend den zutreffenden Rückmeldungen der anderen Teilnehmer in entsprechender Geschwindigkeit langsam von der Mitte nach außen, bis sie sich sicher ist, dass ihre Gefühle und Bedürfnisse bei allen anderen Teilnehmern angekommen sind. Letztlich steht sie am Rande des »roten Tuches« (vgl. Weckert/ Oboth 2012).

Innere Konflikte – Der Kampf mit sich selbst

Jeder Mensch hat es schon häufiger erlebt, wie es ist, »mit sich selbst zu kämpfen«, dass zwei innere Parteien entstehen, bipolare Konflikte, ausgelöst durch Unzufriedenheit, Scham, Peinlichkeit, Ärger oder weil man versucht, gleichzeitig eigenen und fremden Erwartungen gerecht zu werden, und man es nicht schafft, eine Entscheidung zwischen zwei Alternativen zu treffen. Wenn die Nutzwertanalyse oder die Vorteil-Nachteil-Prüfung nicht zu dem gewünschten Ergebnis führt, spricht man in der Regel von einem inneren oder interpersonalen Konflikt.

Die Fabel von Buridans Esel (vgl. de Bruyn 1977): Der Esel befindet sich zwischen zwei gleich großen und gleich weit entfernten Heuhaufen und verhungert schließlich dennoch. Wie kann das sein?

Der Esel hat zwei Regeln bzw. zwei Kognitionen gelernt: Er wählt immer den größeren Heuhaufen oder den näher liegenden. Der Esel weiß folglich nicht, wohin er gehen soll, weil beide Kognitionen gleichzeitig nicht funktionieren. Er hat aber dennoch Hunger und so bleibt er zwischen den beiden Heuhaufen buchstäblich hängen und verhungert.

Beim Menschen sind solche Entscheidungen zumeist ungleich komplexer. Je gewichtiger die Auswirkung der Entscheidung ist, desto schwieriger ist diese zu treffen.

Es ist immer positiv und gut für das eigene Wohlbefinden, einen Konflikt erfolgreich zu lösen. Je länger ein innerer Konflikt schwelt, desto schwieriger ist es, ohne fremde Hilfe aus dem Dilemma herauszukommen, möglicherweise chronifiziert er sich und kann so eine pathogene Wirkung entfalten. Der Mensch gerät folglich aus seinem inneren

Gleichgewicht in einen Zustand innerer Unruhe, er kann über einen längeren Zeitraum bei einem Problem verweilen und scheitert kläglich bei seinen Lösungsversuchen, weil er gleichzeitig zwei Dinge will oder braucht, die sich jedoch widersprechen, Das führt zu Enttäuschung und Frustration, die sich zunehmend erhöht. Ein innerer Konflikt kann sich, falls nicht versucht wird, ihn zu lösen, auch zu einem interpersonellen Konflikt ausweiten. Immer dann, wenn ein Ventil gesucht wird, um zu starken inneren Druck abzubauen, ist der Versuch da, den Konflikt gegenüber einer anderen Person auszutragen.

Zunächst ist es in einem ersten Schritt notwendig, sich den interpersonalen Konflikt bewusst zu machen. Da ein Konflikt immer mit der Störung des inneren Gleichgewichts einhergeht, kann die Lösung sein, entweder das alte Gleichgewicht wiederherzustellen oder ein neues aufzubauen. So kann eine direkte Konfliktlösung darin bestehen, eine Entscheidung zu treffen bzw. einen »guten« Kompromiss einzugehen. Indirekte Lösungen sind Verdrängung oder Ablenkung bzw. eine Verlagerung ins Somatische.

Die GFK kennt zwei Wege:

1. Weg:

1. Schritt: **blaue Karte** (der innere Richter). »Oh, was habe ich gemacht?«

2. Schritt: **weiße Karte** (Wolfsshow). Selbstvorwürfe, negative Bewertung der eigenen Person.

3. Schritt: **grüne Karte** (Bedürfniskarte). Welche Bedürfnisse sind durch mein Handeln bei mir zu kurz gekommen? Kritik am eigenen Verhalten äußern. Welche Grenzen habe ich überschritten? Was will die Kritik bei mir sicherstellen (z. B. Respekt, Wertschätzung, Anerkennung und Autonomie; achte auf den Raum der Anderen).

4. Schritt: **rote Karte**. Wenn du an das Ereignis zurückdenkst, wie fühlt sich das in diesem Moment an? Nach Möglichkeit ohne Bewertung, z. B.: »Das macht mich traurig.« Wie fühlt sich das körperlich an? Eine detaillierte Beschreibung der somatischen Empfindungen.

5. *Schritt*: **weiße Karte**. Kannst du die moralische Instanz in dir als Kritiker auch wertschätzen? Kannst du dieser Instanz in diesem Moment eine Frage stellen? Welche? Kannst du dich bei dieser Instanz bedanken? Wie?

2. Weg:

1. *Schritt*: **blaue Karte** (der innere Entscheider). »Ich wollte den Geburtstag vergessen.«

2. *Schritt*: **rote Karte**. Wie geht es dir heute mit der Entscheidung? Welches Gefühl hast du jetzt, da du den Geburtstag vergessen hast?

3. *Schritt*: **grüne Karte**. Welche Bedürfnisse wolltest du mit dem »Vergessen« sicherstellen?

4. *Schritt*: **rote Karte**. Welche Bedürfnisse hast du damit gefährdet? Wie geht es dir mit dem inneren Konflikt?

5. *Schritt*: **weiße Karte**. Wertschätzung für die innere Entscheiderinstanz. »Danke, dass du für ... gesorgt hast.«

Lösungsideen:

Die **gelbe Karte** zentral in der Mitte zwischen Weg 1 und Weg 2 platzieren:

Wie kannst du für dich in einem konkreten Moment in der Zukunft entscheiden, dass beide Instanzen, die moralische und die des Entscheiders, berücksichtigt sind? Jetzt verschiedene Lösungsideen sammeln.

Es ist immer positiv und gut für das eigene Wohlbefinden, einen Konflikt erfolgreich zu lösen. Je länger ein innerer Konflikt schwelt, desto schwieriger ist es, ohne fremde

Hilfe aus dem Dilemma herauszukommen, möglicherweise chronifiziert er sich und kann so eine pathogene Wirkung entfalten.

(Vgl. Bähner/Oboth 2011)

Gütekriterien für wohlgeformte Bitten und Ziele:
- Sie müssen positiv formuliert sein.
- Ich muss in der Lage sein, sie zu erreichen, es muss machbar für mich sein.
- Ich muss die Möglichkeit haben, selbst aktiv zu werden.
- Bitten und Ziele müssen im Indikativ aktiv formuliert sein.
- Sie müssen spezifisch und konkret formuliert sein.
- Sie müssen realistisch und herausfordernd terminiert sein.

(Vgl. Krause/Storch 2018)

Angelehnt an »Das Zürcher Ressourcen Modell« (ZRM) von Maja Storch.

Maja Storch (*1958) ist mit dem menschlichen Geist, seinen Fähigkeiten und Grenzen bestens vertraut. Sie ist Diplom-Psychologin, Psychoanalytikerin sowie Gründerin und Inhaberin des Instituts für Selbstmanagement und Motivation in Zürich, das ein Spin-off der Universität Zürich ist.

Motto-Ziele, S.M.A.R.T.-Ziele und Motivation (nach Maja Storch):

SMART ist ein Akronym und steht für:
- **S**pezifisch
- **M**essbar
- **A**ttraktiv
- **R**ealistisch
- **T**ime (zeitlich definiert)

»Ohne Ziele sind Handlungen undenkbar. Sie steuern den Einsatz der Fähigkeiten und Fertigkeiten von Menschen bei ihren Handlungen und richten ihre Vorstellungen und ihr Wissen auf die angestrebten Handlungsergebnisse hin aus« (Kleinbeck/Schmidt 2008). Ziele haben großen Einfluss auf menschliches Handeln, weil sie ein wesentlicher Verursacher von Motivation sind (Elliot/Fryer 2008). In den letzten Jahren nimmt darum die sogenannte Zielpsychologie einen immer größeren Stellenwert im Rahmen motivationspsychologischer Forschung ein. Nach Oettingen und Gollwitzer (2002) löst momentan die Zielpsychologie die traditionelle Motivationspsychologie ab, die davon ausgeht, dass es genüge, die Variablen Erwartung und Wert zu bestimmen, um die Bereitschaft, eine bestimmte Handlung auszuführen, vorherzusagen. Die Zielpsychologie hingegen untersucht, wie Ziele gesetzt werden können, wie eine Zielrealisierung stattfindet und welche selbstregulatorischen Prozesse durch Ziele aktiviert werden. Das Interesse der Zielpsychologie läuft letztendlich immer auf eine Frage hinaus: Welche Art von Ziel hat die höchste Erfolgsrate?

Die 3 A's die Ziele erreichbar machen

A = Attraktivität: Die Attraktivität der Zielerreichung muss mindestens bei 70% liegen, sonst wird das nichts mit der Zielerreichung. In der GFK bedeutet dies, die Frage zu stellen, wie gut unsere innere Verbindung zu unseren tatsächlichen Bedürfnissen ist, die wir uns erfüllen oder sichern wollen.

A = Annäherung: Hier geht es um die Richtung des Ziels, diese Richtung muss positiv und ressourcenbasiert sein. Ich komme meinem Ziel immer näher. Vermeidungsziele wie »Ich möchte weniger Alkohol trinken« oder ich will aufhören zu rauchen« führen selten bis nie zum Erfolg.

A = Autonomie: Wie weit kann ich mein Ziel, meine Ziele selbst und alleine erreichen. Bin ich alleine in der Lage dazu, besitze ich die Ressourcen? Brauche ich andere dazu, wie kann ich sie für meine Ziele gewinnen?

Aufhören zu rauchen oder an Körpergewicht abzunehmen sind keine Ziele im Sinne der 3 As. Sie sind in dieser Form für den Betroffenen nicht »attraktiv«. Deswegen gehen entsprechende Bemühungen häufig schief oder sind nur von kurzer Dauer. Hier geht es darum, **das Ziel hinter dem Ziel** zu finden (z. B. führt bessere Gesundheit zu höherer Lebenserwartung und damit kann ich mein Bedürfnis »Menschen und Kulturen kennen lernen« länger und beschwerdefreier genießen).

(Vgl. Krause/Storch 2018)

Das Ziel hinter dem Ziel (von Alfred Freudenthaler; https://www.freudenthaler.com/blog/)**:**

Nicht selten kommt es vor, dass Coaching-Kunden mit einem scheinbar klaren und einfachen Ziel ins Coaching gehen, das sich jedoch bei näherer Betrachtung als wesentlich tiefgründiger herausstellt. Christoph Rauen beschreibt das mit einer stimmigen Analogie: Ein Coaching-Kunde sucht einen Coach auf, um mit dessen Hilfe ein Bild aufzuhängen. Isoliert betrachtet, kann das heißen, dass der Kunde gemeinsam mit dem Coach z. B. die Beschaffenheit der Nägel, der Wand und des Hammers bespricht und vielleicht eine Übungsmöglichkeit in Form eines Nagelbrettes nutzt. Die entscheidende Frage ist jedoch: Warum will der Kunde ein Bild aufhängen? Will er den Raum verschönern? Will er sein Lieblingsbild öfter betrachten? Oder will er das aus einem ganz anderen Grund? Dafür gibt es vielleicht auch andere Lösungsmöglichkeiten, die u. U. viel sinnvoller für den Kunden sind. Fragen nach seinen Zielen helfen dem Kunden, seinen Gedankenkäfig zu verlassen. Wenn durch das Hinterfragen der Motive die Ziele hinter dem Ziel klarer werden, wird Energie frei, die vorher nicht nutzbar war.

Kreative Problemlösungstechniken, die die Lösungsfindung unterstützen

Die ABC- oder Ampelmethode

Rot: Was ist nicht zu ändern? Was kann ich nicht selbst oder nicht alleine ändern? Welche Faktoren gibt es, auf die ich keinen Einfluss habe?

Gelb: Was ist nur teilweise oder nur zeitlich verzögert zu verändern? Was kann mittelfristig mit größerem Aufwand geändert werden? Was ist mit Hilfe oder unter Duldung von anderen zu ändern?

Grün: Was kann ich direkt verändern? Was kann ich sofort anpacken? Was ist durch mich selbst beeinflussbar?

Brainwriting/6-3-5-Methode

Die Technik des Brainwritings ist im Prinzip eine verbesserte Variante des Brainstormings. Der Unterschied besteht darin, dass während eines Brainwritings – im Gegensatz zum Brainstorming – nicht gesprochen wird. Die Teilnehmenden schreiben ihre Ideen auf, anstatt sie in die Runde zu rufen. Dieses Vorgehen hat wesentliche Vorteile, so dass ein Brainwriting einem Brainstorming immer vorzuziehen ist.

Die Technik wird oft auch 6-3-5 genannt, weil in der ursprünglichen Form sechs Teilnehmende jeweils drei Ideen aufschreiben sollten und jedes Blatt fünfmal den Besitzer wechselte. Brainwriting wird meist in der Gruppe eingesetzt.

Vorgehen beim Brainwriting
1. Die Problemstellung wird gut sichtbar auf einen Flipchart geschrieben.
2. Jeder Teilnehmer bekommt drei Blätter. Auf jedem der Blätter gibt es sechs Felder.
3. Jede Person schreibt in das erste Feld jedes Blattes jeweils eine Idee und reicht es dann im Uhrzeigersinn an die nächste Person weiter.
4. Der Nachbar liest die bereits aufgeschriebenen Ideen, lässt sich davon inspirieren und versucht die Ideen weiterzuentwickeln bzw. darauf aufzubauen. Dieser Vorgang wird fünf Mal wiederholt, bis alle Kästchen auf den Blättern ausgefüllt sind.
5. Die Blätter werden anschließend eingesammelt, gemischt und wieder verteilt. Das Mischen hat den Vorteil, dass danach niemand mehr weiß, wer welche Idee aufgeschrieben hat. Denn oft wird die Qualität einer Idee am Ideengeber gemessen. Durch Mischen wird diese Problematik umgangen.
6. Die Blätter werden nun also wieder verteilt und die Teilnehmenden machen eine erste Grobauswahl. Alle schreiben jene Ideen auf Moderationskärtchen, die ihnen am besten gefallen. Jede Person sollte etwa zwei bis fünf Ideen aufschreiben.
7. Diese Ideen werden nun eingesammelt und präsentiert. Jeder Teilnehmer heftet dabei seine Ideen an die Pinnwand und erläutert diese.

Brainwriting kann selbstverständlich auch mit mehr als sechs Personen durchgeführt werden. Es können dann aber nicht alle Teilnehmenden jedes Blatt bearbeiten. Letztlich geht es ja darum, möglichst viele Ideen zu finden, und nicht darum, dass jeder jedes Blatt bearbeitet.

Brainwriting/6-3-5-Methode – **Vorteile**
- Brainwriting ist sehr effizient. Bei sechs Teilnehmern entstehen innerhalb von weniger als 10 Minuten bis zu 108 Ideen.
- Man kann die Technik auch virtuell durchführen. Sie stellen die Vorlage auf einen Server oder schicken es den Teilnehmenden zu. Alle Teilnehmer sind nun aufgefordert, ihre Ideen direkt in das Dokument zu schreiben.
- Die Idee wird von der Person getrennt. Bei mehreren Teilnehmern ist es oft nur schwer nachvollziehbar, wer welche Ideen generiert hat.
- Die Technik ist sehr einfach und kann nach einer kurzen Einführung sofort angewendet werden.
- Jede Person kann bzw. muss sich einbringen. Introvertierte Personen können sich ebenso intensiv beteiligen wie extrovertierte.

Die Walt-Disney-Methode

Die **Walt-Disney-Methode** ist unmittelbar aus der unternehmerischen Praxis von Walt Disney selber entstanden. Es ist eine Art Rollenspiel, bei dem die Fantasie und Vorstellungskraft der Teilnehmer gefragt ist.

Benno van Aerssen hat Erfahrung damit, sein Team an die Walt-Disney-Methode heranzuführen. Dabei lernen die Teams schnell, dass diese Rollenspieltechnik sehr effizient ist, Spaß macht und nichts mit Peinlichkeit oder Blamage zu tun hat. Diese Kreativtechnik dient der **Ideenfindung** und dem **Prototyping im Design Thinking**: Im Design Thinking ist die Phase » Prototyping« die fünfte Phase. Prototyping ist das Herzstück des kreativen Prozesses (hier geht es um den Überblick im Design Thinking-Prozess). Aus dem kreativen Herzstück wird das Handstück: Ein greifbares Produkt, um die Ideen zu visualisieren, speziell für Innovationsmanager und Moderatoren hält Benno van Aerssen Knowhow bereit, mit dem es schnell gelingt, auch ungeübte Teams erfolgreich in die Walt-Disney-Methode einzuführen.

Walter Elias Disney, der uns allen bekannte Vater des Zeichentrickfilms aus Hollywood, hat schon früh und unbewusst die Basis für eine Kreativitätstechnik gelegt, indem er eigene Grundlagen entwickelte, mit deren Hilfe er seine Ideen und Kreativität – wie auch die seiner Mitarbeiter – förderte. Nacheinander schlüpfen die Teilnehmer dazu in verschiedene Rollen. Die Methode basiert konkret auf dem Zusammenspiel von drei unterschiedlichen »Rollen« bzw. Charakteren:

- dem Träumer (Visionär, Ideenlieferant)
- dem Realisten (Realist, Macher)
- dem Kritiker (Qualitätsmanager, Controller).

Die Walt-Disney-Methode kommt in der heutigen Business- und Managementwelt regelmäßig und immer häufiger zum Einsatz. Speziell dort, wo es gilt, festgefahrene Denkstrukturen aufzulösen, bietet diese Methode die Möglichkeit, Herausforderungen aus einem ganz anderen Blickwinkel zu sehen. Auch als Mikromethode im »Design Thinking« erlebt die Walt-Disney-Methode einen neuen Boom.

So funktioniert die Walt-Disney-Methode

Das Rollenspiel, die eigentliche Grundidee der Methode, kann von einer Einzelperson, aber auch im Team angewandt werden. Walt Disney selbst beherrschte, wie man sich erzählt, alle drei Rollen sehr perfekt. So erreichte er Ziele und Visionen, die für die damalige Zeit sehr ungewöhnlich waren. **Er bezog auch immer konsequent seine Mitarbeiter in den Innovationsprozess und die Ideenfindung ein.** Disney unterstützte das Rollenspiel, indem er für jede einzelne Rolle – die des Träumers, des Realisten und des Kritikers – sogar jeweils einen eigenen Raum in seiner Firma schuf, der entsprechend den Rollen eingerichtet war.

Unternehmen, die den **Design-Thinking**-Ansatz verfolgen, hat Benno van Aerssen schon mehrfach geholfen, solche Räume zu gestalten und einzurichten. So war der Raum des Träumers groß, hell, und bunt und mit Bildern und kreativen Sprüchen ausgeschmückt. Dem Realisten wurde ein Zimmer mit einem großen Zeichentisch und allen möglichen modernen Hilfsmitteln zur Verfügung gestellt, um seine Träume zu realisieren. Der Kritiker musste in einem kleinen, engen Zimmer die Entwürfe des Realisten beurteilen und bewerten.

Es müssen aber nicht zwingend einzelne Räume sein, es reichen z. B. schon drei Stühle, die in verschiedenen Ecken eines Raums gestellt werden. Natürlich unterstützt jede zusätzliche »Verschönerung« der Träumerecke, z. B. durch Blumen oder Stoffe, die Kreativität und Ideenfindung des Träumers.

- **Schritt 1:** Der Kreislauf, hier am Beispiel eines Teamrollenspiels erklärt, beginnt mit einem Probelauf. Die Teilnehmer schlüpfen vorab, ohne das Thema zu kennen, in die drei verschiedenen Rollen, um sich »einzuleben«. In der Träumerecke sollen alle an einen wunderschönen und kreativen Moment in ihrem Leben denken, um den positiven Einfluss zu spüren.
- **Schritt 2:** Nach einer kurzen Pause erfolgt der Wechsel zum Realisiererplatz. Dort muss sich jeder Teilnehmer an eine persönliche Situation erinnern, die er praktisch und clever gelöst hat.
- **Schritt 3:** Zum Schluss, in der Kritikerecke, soll eine Situation ins Bewusstsein geholt werden, die jeder Teilnehmer kritisch analysiert hat.
- **Schritt 4:** Nach der anschließenden Ruhephase wird dem Team durch den Moderator das zu lösende Problem bekannt gegeben.
- **Schritt 5:** Nun beginnt das eigentliche Rollenspiel. Das Team begibt sich in die Träumerecke. Die Träumer nutzen in dieser Phase ihre rechte bzw. kreative Gehirnhälfte, um Visionen und Ziele zu entwickeln. Hierbei darf richtig, also ohne Grenzen, Vorgaben und Einschränkungen »gesponnen« werden. Jeder noch so chaotische und verrückte Ansatz ist die Chance für eine neue Idee.
- **Schritt 6:** Im Anschluss wandern die Teilnehmer zum Realisiererplatz. Die Realisten ziehen sich mit den gewonnenen Ideen zurück und stellen sich folgende Fragen: Was muss getan oder gesagt werden? Was wird für die Umsetzung benötigt (Material, Menschen, Wissen, Techniken)? Was fühlt man bei dieser Idee? Welche Grundlagen

sind schon vorhanden? Kann der Ansatz getestet werden? Die Realisten testen wirklich jede Idee, bevor diese an die Kritiker weitergegeben wird. So entpuppen sich manche auf den ersten Blick noch so unrealistische Ideen als wirkliche, innovative Ansätze.

- **Schritt 7:** An der letzten Station im Kreislauf haben die Kritiker die Aufgabe, sich konstruktiv mit den Ideen auseinanderzusetzen. Die Analyse beinhaltet immer mindestens folgende Fragen: Was könnte verbessert werden? Was sind die Chancen und Risiken? Was wurde übersehen? Wie denke ich über den Vorschlag? Der Kreativitätsprozess gilt als abgeschlossen, wenn keine weiteren relevanten Fragen offen sind und wenn abzusehen ist, dass ein weiterer Durchlauf keine Optimierung bringt.

Diese Methode kann für ein ungeübtes Team, aber auch für eine ungeübte Einzelperson sehr anstrengend werden, wenn die Ergebnisse der einzelnen Rollen nicht eindeutig abgegrenzt werden. Auch an dieser Stelle kann ein Moderator unterstützend zur Seite stehen. Sehr geübte Teilnehmer dagegen unterstützen sich innerhalb des Prozesses gegenseitig, indem jeder die Rolle verstärkt ausübt, die seinen persönlichen Stärken am besten entspricht. So entstehen sehr effektive und konstruktive Diskussionen, die zu neuen Lösungsansätzen führen.

Kopfstandtechnik (paradoxe Intervention)

Schritt 1:
- Stellen Sie Ihre Herausforderung auf den Kopf.
- Formulieren Sie Ihre Herausforderung oder Ihr Problem ins Gegenteil um.
- Bauen Sie den Satz dabei von Grund auf neu.

Beispiel für eine Herausforderung: Was müssen wir beachten, um ein erfolgreiches Konzept zu erstellen?

Beispiel für die Kopfstand-Methode: Was müssen wir tun, damit wir mit dem neuen Konzept scheitern?«

Hängen Sie die umformulierte Herausforderung zentral an eine Pinnwand, sodass jeder sie sehen kann.

Der Vorteil des Umformulierens: Paradoxerweise wissen wir sehr genau, was und warum etwas nicht funktioniert. Wir sehen so Fehler, Stolpersteine und Probleme viel klarer als Lösungen.

Probieren Sie das doch mal schnell aus und fragen Sie sich: Warum kommen Sie in Meetings nicht zum gewünschten Ergebnis? – Na ... fällt Ihnen schon etwas ein?

Wenn ein Problem gut in sein Gegenteil umformuliert ist, funktioniert die Kopfstand-Methode immer – vor allem bei ungeübten Teams.

Schritt 2:
- Sammeln Sie Ideen dazu, wie es nicht geht:
- Fordern Sie nun jedes Teammitglied auf, sich Ideen dazu auszudenken und diese auf Karten zu schreiben. Jeder schreibt für sich – es wird nicht gesprochen beim »Brainwriting«.

Dafür sollte pro Idee je eine Karte beschrieben werden. Planen Sie für das Schreiben ca. 10 Minuten ein.

Schritt 3:
- Clustern und sortieren Sie die Negativideen.

Sie merken, dass das Team immer weniger Karten schreibt? Dann ist es an der Zeit, die Ideen zusammenzuführen.

Sammeln Sie die Karten in der Mitte des Tisches, lesen Sie das darauf Geschriebene laut vor und diskutieren Sie eine systematische Ordnung der Ideen, z. B. nach Kategorien.

Sie werden sehen, dabei wird es heiter zugehen. Denn bei der Kopfstand-Methode kommen die absurdesten Ideen ans Licht und das sorgt für gute Stimmung.

Schritt 4:
- Sichtbar machen.

Sichern Sie die geordneten Ideen der Kopfstand-Methode für den nächsten Arbeitsschritt an einer Pinnwand. Das Ziel ist es, die Ergebnisse aller Schritte permanent vor Augen zu haben.

Schritt 5:
- Drehen Sie die Ideen wieder um.

Der nächste Arbeitsschritt sollte nun sein, die entwickelten Negativideen wieder ins Positive zu drehen und als direkte Inspirationsquelle für die »richtigen« Ideen zu nutzen.

Kitzeln Sie die ganz verrückten Ideen aus Ihrem Team heraus und geben Sie nach ca. 5 Minuten einen neuen Impuls: Animieren Sie Ihr Team, skurril zu denken – das beflügelt!

(Siehe auch Laufer 2018)

Mit systemischen Fragen Aufträge besser klären und Probleme anders sehen

Systemische Fragen helfen, schwierige und unklare Aufgaben und Probleme aus unterschiedlichen Perspektiven zu beleuchten. Sie geben Rückschluss auf das oder die Systeme, in denen sich der Mensch bewegt. Dadurch lassen sich andere Sichtweisen, ggf. Fallstricke und vor allem gute Lösungsideen erkennen und nutzen. Das bringt Gespräche und Coachings voran und führt zu mehr Zufriedenheit.

Systemische Fragestellungen:
- zirkuläre Fragen
- hypothetische Fragen
- Wunderfragen
- Verschlimmerungsfragen
- Perspektivfragen

Metaphernarbeit

Metaphern sind Aussagen, die zwei verschiedene Welten der Sinngebung und des Erlebens durch eine diesen beiden Welten gemeinsame Ähnlichkeit miteinander verbinden und so vermehrt das Unbewusste aktivieren und zur Ideenbildung anregen; z. B.: »Kreativität ist wie ein farbenprächtiges Feuerwerk.« Die **Metaphernarbeit** ist ein Veränderungsformat, mit dessen Hilfe Begriffe (und die damit verbundenen Glaubenssätze, Einstellungen und Werte) auf eine spezielle Weise zusammengeführt werden und dadurch oft eine neue Bedeutung erfahren; gleichzeitig kann sie als imaginationsfördernde Ideentechnik zum Einsatz kommen.

Als Kreativitätstechnik angewandt, geht es darum, ein beschriebenes Problem metaphernhaft zu beschreiben bzw. umzuformulieren, um dadurch neue Anregungen sowohl für eine mögliche Problemredefinition als auch für eventuelle Lösungen zu bekommen.

Ausführung

1. Bezogen auf eine aktuelle Aufgaben- oder Problemstellung sammeln die Beteiligten Metaphern und Entsprechungen aus beliebigen Bereichen, indem sie die Elemente der Aufgabenstellung mit etwas anderem vergleichen.
   Beispiel: »Verkehrsampeln (als Bestandteil einer Aufgabenstellung) sind wie ... Lichtorgeln ... Leuchttürme ... Signalfeuer ... Kunstwerke ...«
2. Die gefundenen Vergleiche werden jeder für sich als Ausgangspunkt einer eigenen Ideenfindung dazu genutzt, herauszufinden, welche Lösungsansätze sich hieraus bezogen auf die ursprüngliche Aufgabe ergeben.

Variationen

* Bei der Variation »Saatbeet« werden in Bezug auf eine gegebene Aufgabenstellung zwei völlig unterschiedliche, wesensfremde Bereiche in metaphorischer Form kombiniert und als Frage formuliert:
  Beispiel: »Welchen Teil meines Problems verbinde ich eigentlich mit Wüstenschiffen und welchen mit einem Theaterbesuch?«
* Mit Metaphern lassen sich Aufgabenstellungen, Situationen oder Probleme in eine

andere Situation transportieren, um auf diese Weise Lösungsanregungen zu erhalten.
- Die Kraft des Unbewussten wird genutzt.

(Vgl. Schlippe/Schweitzer 2009/2010)

Kleine Abschlussübung:
1. Mit welchen Gefühlen bin ich beim Lesen dieses Buches gut in Kontakt gekommen?
2. Welche Bedürfnisse habe ich bei mir entdeckt und möchte ich zukünftig sicherstellen?
3. Was habe ich mit meinen Lernerträgen/Erkenntnissen aus diesem Buch konkret gemacht?
4. Welche Lernerträge/Erkenntnisse haben mein Leben bereichert?
5. Wie habe ich das Leben anderer Menschen beim Lesen dieses Buches bereichert?

Natürlich kann ein Buch, auch wenn es praxisorientiert geschrieben ist, nicht wirklich eine fundierte, praxisnahe Ausbildung mit Übungen, Feedback und Supervision ersetzen. Wer jedoch bereits beruflich mit Konflikten zu tun hat, wie Moderatoren, Coaches, Mediatoren, Trainer, Personalentwickler, Personalreferenten und natürlich Führungskräfte (die ja sowieso in schwierigen Gesprächen tätig sein müssen), kann seine tägliche Arbeit damit unmittelbar anreichern.

Literaturverzeichnis

- **Christian Bähner; Monika Oboth**: Konfliktklärung in Teams und Gruppen (Praxisbox), 2. Aufl., Junfermann, 2011.
- **Nicola Baxter; Beverlie Manson**: Elfen & Feen – Zauberhafte Geschichten, Edition XXL-Verlag, 2014.
- **Karl Berkel**: Konflikttraining: Konflikte verstehen, analysieren, bewältigen (Arbeitshefte Führungspsychologie), 9. Aufl., Verlag Recht und Wirtschaft, 2008.
- **Karl Benin**: Schwierige Gespräche führen – Modelle für Beratungs-, Kritik- und Konfliktgespräche im Berufsalltag, 5. Aufl., Rowohlt, 2008.
- **Samuel Cremer**: GFK-Navigator für Gefühle, Emotionen und Stimmungen, Future Pace Media-Verlag, 2016.
- **Günter de Bruyn**: Buridans Esel, Fischer Taschenbuch, 1977.
- **Joseph Duss von Werdt**: Einführung in die Mediation, 2. Aufl., Carl-Auer-Verlag, 2011.
- **A. J. Elliot; J. W. Fryer**: The Goal Construct in Psychology. In: J. Y. Shah; W. L. Gardner (Hrsg.): Handbook of Motivation Science. New York, US: The Guilford Press, 2008, S. 235–250.
- **Roger Fisher; William Ury; Bruce Patton**: Das Havard-Konzept, 24. Aufl., Campus-Verlag, 2013.
- **Maren Fischer-Epe**: Coaching: Miteinander Ziele erreichen; Rowohlt, 5. Aufl., 2008.
- **Viktor Frankl**: … trotzdem Ja zum Leben sagen – Ein Psychologe erlebt das Konzentrationslager, dtv-Verlag, 1998.
- **Friedrich Glasl**: Konfliktmanagement, 11. Aufl., Haupt-Verlag Freies Geistesleben, 2013.
- **Friedrich Glasl**: Selbsthilfe in Konflikten, 7. Aufl., Haupt Verlag Freies Geistesleben, 2015.
- **Thomas Gordon**: Das Gordon-Modell, Heyne, 1998.
- **Ingrid Holler**: Trainingsbuch Gewaltfreie Kommunikation, Junfermann-Verlag, 2012.
- **Jon Kabat-Zinn:** Gesund durch Mediation, Knauer-Verlag, 2013.
- **Carmen Kindl-Beilfuß**: Fragen könne wie Küsse schmecken, 2. Aufl., Carl-Auer-Verlag, 2010.

- **Uwe Kleinbeck; Klaus Helmut Schmidt**: Führen mit Zielvereinbarung, Praxis der Personalpsychologie, Hogrefe, 2008.
- **Peter Knapp**: Konfliktlösungs-Tools, managerSeminare Verlags GmbH, 2012.
- **Frank Krause; Maja Storch**: Ressourcen aktivieren mit dem Unbewussten. ZRM-Bildkartei, Hogrefe, 2018.
- **Liv Larsson**: Begegnung fördern: Mediation in Theorie und Praxis, Junfermann, 2009.
- **Liv Larsson**: Wut, Schuld und Scham. Drei Seiten der gleichen Medaille, Junfermann-Verlag, 2012.
- **Liv Larsson; Katarina Hoffmann**: 42 Schlüsselunterscheidungen in der GFK, Junfermann-Verlag, 2013.
- **Hartmut Laufer**: Kreativ Probleme lösen – effizient entscheiden. Ideen entwickeln, sicher entscheiden, erfolgreich handeln, Gabal-Verlag, 2018.
- **Gabriele Oettingen; Peter M. Gollwitzer**: Theorien der modernen Zielpsychologie. In: Dieter Frey: Theorien der Sozialpsychologie, Band 3, 2002, S. 51–74.
- **Sabine Prohaska**: Coaching in der Praxis, Junfermann, 2013.
- **Phillip Rauter**: Ahimas – Nichtverletzen als Lebensprinzip, 8. Aufl., epubli-Verlag, 2018.
- **Carl Rogers**: Die Kraft des Guten. Ein Appell zur Selbstverwirklichung. Frankfurt am Main: Fischer, 1986, S. 86.
- **Carl Rogers**: Entwicklung der Persönlichkeit, 14. Aufl., Klett-Cotta, 2002.
- **Carl Rogers:** Therapeut und Klient – Grundlagen der Gesprächstherapie, Fischer Taschenbuch Verlag, 2004. S. 43 ff.
- **Carl Rogers**: Eine Theorie der Psychotherapie, Ernst Reinhardt Verlag, 2009.
- **Marshall B. Rosenberg**: Konflikte lösen durch Gewaltfreie Kommunikation, 15. Aufl., Herder, 2004.
- **Marshall B. Rosenberg**: Die Sprache des Friedens sprechen, Junfermann, 2006.
- **Marshall B. Rosenberg**: Wie ich dich lieben kann, wenn ich mich selbst liebe. Ein praktischer Ratgeber zu einer neuen Art von Beziehungen, Junfermann, 2010a.
- **Marshall B. Rosenberg**: Das können wir klären! Wie man Konflikte friedlich und wirksam lösen kann, Junfermann, 2010b.
- **Marshall B. Rosenberg**: Gewaltfreie Kommunikation, 10. Aufl., Junfermann, 2012.
- **Marshall B. Rosenberg**: Was deine Wut dir sagen will – überraschende Einsichten.

Das verborgene Geschenk des Ärgers entdecken. Gewaltfreie Kommunikation: Die Ideen und ihre Anwendung. 5. Aufl., Junfermann, 2013.

- **Marshall B. Rosenberg**: Den Schmerz überwinden, der zwischen uns steht – Wie Heilung und Versöhnung gelingen, Junfermann, 2. Aufl., 2015.
- **Oboth Monika; Seils Gabriele**: Mediation in Gruppen und Teams, Junfermann, 2005.
- **Udo Rudolph**: Motivationspsychologie kompakt, 3. Aufl., Beltz, 2013.
- **Annemarie Schimmel**: Ich bin Wind und du bist Feuer – Leben und Werk des großen Mystikers, Chalice Verlag, 2017.
- **Uwe Bernd Schirmer**: Einfühlsam Gespräche führen, Hogrefe, 2018.
- **Fritz B. Simon**: Meine Psychose, mein Fahrrad und ich, Carl-Auer-Verlag, 12. Aufl., 2009.
- **Friedmann Schulz von Thun**: Miteinander reden Band 1, 2, 3, 6. Aufl., Rowohlt, 2006.
- **Friedemann Schulz von Thun; Johannes Ruppel; Roswitha Stratmann**: Miteinander reden – Kommunikationspsychologie für Führungskräfte; 6. Aufl., Rowohlt, 2006.
- **Friedemann Schulz von Thun**: Klar kommen mit sich selbst und anderen, 3. Aufl., Rowohlt, 2007.
- **Steve de Shazer; Ivonne Dolan**: Mehr als ein Wunder: Die Kunst der lösungsorientierten Kurztherapie, Carl-Auer-Verlag, 2016.
- **Harlich H. Stavemann**: Im Gefühlsdschungel – Emotionale Krisen verstehen und bewältigen, 3. Aufl., Beltz, 2018.
- **Christoph Thomann**: Klärungshilfe Band 1, 2, 3, 8. Aufl., Rowohlt, 2017.
- **Nicole Truchseß**: Glaubenssätzen auf der Spur – Wie Sie ihr Leben selbst steuern statt Hirngespinsten zu folgen, Gabal-Verlag, 2018.
- **Arist von Schlippe; Jochen Schweitzer**: Systemische Interventionen, 2. Aufl., Vandenhoeck und Ruprecht-Verlag, 2009/2010.
- **Arist von Schlippe, Jochen Schweitzer**: Lehrbuch der systemischen Therapie und Beratung – Grundlagenwissen, Vandenhoeck und Ruprecht, 2012, S. 205.
- **Paulo Watzlawick; Janet H. Beavin; Don D. Jackson**: Menschliche Kommunikation – Formen, Störungen und Paradoxien, 11. Aufl., Huber, 2007.

- **Al Weckert**: Grundlagenseminar der gewaltfreien Kommunikation – Übungen und Praxistipps für Trainer und Neueinsteiger, Junfermann, 2016.
- **Al Weckert; Monika Oboth**: Der Tanz auf dem Vulkan, Junfermann, 2012.
- **Martin Wehrle**: Die 100 besten Coaching-Übungen, managerSemininare-Verlag, 2019.
- **Christian Rainer Weisbach**: Professionelle Gesprächsführung, 6. Aufl., dtv-beck, 2003.

Onlinemedien
- **Alfred Freudenthaler (o.J.)**: Das Ziel hinter dem Ziel. https://www.freudenthaler.com/das-ziel-hinter-dem-ziel/.
- **Haufe Akademie (o.J.)**: Neues Lernen – Zukunft können. https://www.neues-lernen.info/seminarprogramm,aus-_und_fortbildungen,konfliktcoaching,00003,IF07-91.html.
- **Lichtkreis.at (o.J.)**: https://www.lichtkreis.at/wissenswelten/gfk-sprache-des-lebens/gfk-listen-wort%C3%BCbungen/.
- **Mind Marketing (o.J.)**: NLP Cross Pacing. https://www.mindmarketing.de/NLP-Lexikon/NLP-Cross-Pacing.html.
- **Neues Lernen (2020)**: https://www.neues-lernen.info/seminarprogramm,aus-_und_fortbildungen,konfliktcoaching,00003,IF07-91.html.
- **Niederhauser Mental (o.J.)**: Professionelle Hypnosetherapie/Mentales Coaching. https://www.hypnose-burgdorf.ch/jeder_gewinnt_methode.shtml.
- **Spektrum.de (o.J.)**: Lexikon der Psychologie, Artikel »Allparteilichkeit«: https://www.spektrum.de/lexikon/psychologie/allparteilichkeit/632
- **Spektrum.de (o.J.)**: Lexikon der Psychologie, Artikel »Pacing«. https://www.spektrum.de/lexikon/psychologie/pacing/11073.

Wir sind uns nicht immer der Kraft unserer Sprache bewusst. Ohne dass wir es beabsichtigen, haben unsere Worte und die Art und Weise, wie wir sie aussprechen, nicht selten Verletzung und Leid zur Folge. Das betrifft nicht nur andere Menschen in unserem Leben, es bezieht sich auch häufig auf uns selbst. Die Gewaltfreie Kommunikation hilft uns, bewusster zuzuhören und unserem Gegenüber respektvoller Aufmerksamkeit und damit auch Achtsamkeit zu schenken. Was ist der Unterschied zwischen Bedürfnissen und Strategien? Wo liegt der Unterschied zwischen Schwächen und Verletzlichkeiten? Diese und andere Unterscheidungen sind Themen in diesem Praxisbuch. Wer gerne seine Kommunikation reflektieren möchte, ist hier richtig. Wer noch mehr über Gewaltfreie Kommunikation erfahren möchte, darf gerne bei Marshall B. Rosenberg nachschauen und nachspüren.

Dieses Buch soll im normalen Alltag und in beruflichen Kontexten unterstützen. Es ist sowohl für Autodidakten als auch für Trainer und Coaches gedacht, um Störungen aktiv und wertschätzend mit den vier Schritten der GfK anzusprechen, es soll helfen, klare Bitten zu formulieren, anstatt autoritäre Forderungen zu postulieren, um Ärger authentisch und unmittelbar auszudrücken, indem ich dabei bei mir selbst, meinen Gefühlen und meinen Bedürfnissen bin.

In meiner beruflichen Praxis erlebe ich eine stetige Zunahme von Gegensätzen, Verteilungskämpfen, Spannungen und ambivalenten Zielsystemen unter den Organisationen, den Teams in Organisationen und den einzelnen Mitarbeitern. Viele Organisationen, Teams und Menschen sind in solchen Situationen heillos überfordert und die Ausstattung an kompetenten Personen oder Lösungsmodellen ist häufig unzureichend. Dieses Buch wendet sich an alle Menschen, die in Organisationen tätig sind, auch an Mitarbeiter in Führungspositionen, die täglich mit Konflikten konfrontiert werden. Mein Buch vermittelt so viel Theorie wie notwendig, viele kleine Übungen, auch zu Haltungen und Einstellungen, und viele Methoden zur Konfliktbearbeitung.